The Managerial Moment Of Truth

マネジメントの正念場

真実が企業を変える

The Essential Step in Helping People Improve Performance

ロバート・フリッツ［著］
ブルース・ボダケン［著］
田村洋一［訳］

Evolving

The Managerial Moment of Truth
by
Bruce Bodaken and Robert Fritz

Published by arrangement with the original publisher, Free Press,
a Division of Simon & Schuster, Inc.,
through Japan UNI Agency, Inc., Tokyo

日本の読者の皆さんへ

この何年かにわたって私は日本のマネジャーの人たちと仕事をしてきており、その経験から本書の原則と方法がいかにマネジメントの役に立つかを痛感しています。人と組織の力を高めて業績を改善していくにはどんなアプローチが最適か、については常に議論があるものです。一般的に、人は変化に抵抗するものだという考えがあります。これは間違いです。変化が正しく動機づけられていれば私たちは抵抗などしないのです。タイプライターからワープロに、手紙から電子メールに、図書館でのリサーチからインターネットでのリサーチに変化するとき、そうした変化はたやすいものでした。世界が変わるとき、日本の企業もまた大きく変わる必要があります。変化が正しく動機づけられていれば、会社の従業員の抵抗を受けることなく組織を変革していくことができます。正しい動機づけさえあれば、変化は受け入れられるばかりか感謝されるのです。では正しい動機づけとはどういうものでしょうか。たとえば、人は自分がプロフェッショナルとして向上したいということです。あるいは、大きな目標に向けて皆と力を合わせて働きたいと思うことです。上からの指図に従うばかりでなく、足並みを揃えて仕事をしたいと思うことです。そして、チャンスに恵まれれば真のプロフェッショナルとして自分の仕事を改善したいと思うことなのです。ところが残念なことに、どうやってこうした素晴らしい成果を上げたらいいのかわからないのがよくある現実です。本書はその謎を解き明かします。誰にでも使える明確な技法によって、これまでの仕事の経験から学び、これからの仕事の成功に役立てることができます。ＭＭＯＴの形式は単純明快です。一方で、単純な形式が明らかにする中身はちっとも単純ではありません。ＭＭＯＴの形式によって失敗や失望を前にして現実を客観視することができます。ＭＭＯＴはまた、優れた業績を学習機会と捉えてさらなる成功のための洞察を生み出すことにも使えるのです。

私は、本書の方法を日本のマネジャーが手に入れることによって企業に大きな影響を与えることができると思っています。困難な状況に直面したとき、その状況に反応するのではなく、状況から学習するのはとても難しいことです。事態が期待通りでないとき、それを成長や発展や構築のチャンスだとは思わないのが普通です。私たちはすぐに問題解決モードになってしまい、その状況を有効活用する機会を見失います。企業のマネジャーは困難から抜け出すことができずに立ち往生、八方塞がりだと思ってしまうのです。なぜそうなるかといえば、彼らが現実の経験を使って学び、改善し、成長するための基礎にするという方法を知らないからです。

共著者のブルース・ボダケンは私がともに仕事をした中でも最も優秀なＣＥＯのひとりです。ＭＭＯＴが生まれたのには、私がブルースのエグゼクティブコーチであり、ブルーシールド社の経営幹部チームのコンサルタントであったという背景があります。私が呼ばれたのはブルースがCEOに着任したばかりの頃でした。その頃、ブルーシールド社は30億ドル規模の旧態依然たる企業で、行き詰まっていました。そこへブルースは非常に優れた実用的なリーダーシップ原則を次々と導入していったのです。しかし私の見るところでは、そうした優れた原則が実行に移される可能性は高くありませんでした。というのは、組織の中で真実が語られていなかったからです。嘘をついていたというわけではありませんが、何を語るにしても非常に柔らかく婉曲的に語られすぎていて、何が語られているのかを理解するのがとても難しかったのです。その結果、正しい情報に基づいた意思決定が行われていませんでした。大きな企業組織によくあることですが、何か失敗があれば巧みに隠蔽されていました。そこで私はMMOTという技法を開発し、この状況に充てることにしたのです。ここでブルースは新しい方法を組織に導入するのに素晴らしいアプローチをとりました。いきなり全社に導入するのではなく、まず経営幹部チームの十数名から導入を開始したのです。数か月の実践を経て、幹部メンバーはMMOTを習得し、活用し始めました。それを見届けたブルースは、続いて次の30名の上層部にMMOTを教え、彼らが活用し始めると、さっそくその効果が現れ始めました。数か月を経て、ブルースは次の層の100名のマネジャーにMMOTを導入します。さらに数か月を経ると、上層部と中間管理職の全てのマネジャーがMMOTを習得して活用するようになりました。そうなると会社中の他の社員たちが変化に気づき始めます。どんな状況においても真実を伝え合うことに対してオープンであることに気づくのです。ここまでの変化を見届けたブルースは、全社にＭＭＯＴを導入するための研修プロセスを導入し、人材育成担当の部署が教育プログラムを導入することになりました。８か月のあいだに組織全体にＭＭＯＴが浸透し、その影響は甚大なものでした。そしてブルースがＣＥＯに就任して5年のあいだに、ブルーシールド社は30億ドルから70億ドル規模に拡大し、業界内で最も革新的な成長企業になっていたのです。

もちろん驚異的な発展はＭＭＯＴという技法だけによるものではありません。たくさんの構造的な変革によって市場におけるビジネスが拡大したのです。そしてブルースが明快なリーダーシップを発揮して組織を発展させました。しかしブルーシールド社の成長にはＭＭＯＴが欠かせない方法でした。ＭＭＯＴによって他の変革努力が実を結んだのです。

組織のキャパシティを成長させることは、企業において最も重要なリーダーシップの任務のひとつです。あまりに多くの企業がキャパシティと業務負荷のアンバランスに苦しんでいます。組織において人が任された仕事をやり遂げるために必要なリソースが足りていないのです。これによって誰もが疲弊し、企業の競争優位は損なわれます。どんな会社においても、業務の要求に十分応えられるキャパシティのバランスを保つことは最も重要な戦略原理のひとつです。あまりに多くの企業において、利益重視の短期思考のためにキャパシティへの投資が不足し、企業体力を長期的に失わせることになっています。ＭＭＯＴという技法の大きなメリットのひとつは、会社全体で導入されたとき、大きな追加投資なしに既存の社員だけで大幅な業績改善を行い、生産性向上を望めることです。ＭＭＯＴ導入によって、人員増加を伴わずに、25％から40％の生産性向上が起こっています。
本書の日本語翻訳版は初めての完全翻訳です。この翻訳を可能にした翻訳チームに感謝しています。

ロバート・フリッツ

目次

第4章
具体的なスキルを身につける　113

第5章

ポジティブMMOT

第6章

クロスファンクショナルチーム（組織横断型チーム）のMMOT
――ケーススタディ②

序文　ピーター・M・センゲ

仕事のパフォーマンスの問題は常にマネジャーを悩ませる。「この人のパフォーマンスについて自分が本当に思っていることを伝えるべきか。それとも彼の感情を傷つけたり、やる気を失わせたりするようなことを言うべきではないのか」。どう転んでも危険がある。パフォーマンスの問題を率直に話さないと改善されない。一方で「率直に話す」ことが裏目に出ることもある。

先日、大規模な企業文化統合に携わっている友人の話を聞いた。大手上場企業が同規模の企業を買収し、統合の必要が生じたのである。彼女はふたつの企業組織のあいだで起きている破壊的な力学について話してくれた。「彼らには『率直なフィードバック』と呼ぶ文化があるんだけど、私たちにはそれが無礼で閉鎖的なものにしか思えない。彼らは他人のパフォーマンスについて思うことをあけすけに口にする一方、自分の解釈に疑いを挟まれるのは好まない。自分の主張に合うデータを選んで、そのデータに基づいて『自分の真実』を伝える。そして異論を挟まれると『事実を直視したくないのか』と私たちを非難する。私たちは何年もかけて相互尊重と誠実さの文化を築こうとしてきたけど、彼らはそれを『いい人』を演じ合っているだけでビジネスのパフォーマンスを落とすのではないかと心配する」と彼女は言う。

今日、多くの組織が価値観に基づく企業文化を構築しようとしている。誠実や正直といった価値観は、単に不祥事を起こさないというだけでなく、革新的でパフォーマンスの高い文化を構築するためにも重要だと考えている。しかし経験的に言うなら、こうした取り組みはほとんど失敗する。先の友人の企業文化統合のことを考えてみてほしい。双方とも自分たちは価値観を大切にしていると思い込んでいる。そして相手の価値観を疑問視している。どちらの文化や価値観が優れているかについて議論をしようものなら事態は好転せず、むしろ悪化するだろう。実は、両社はもっと単純で、もっと深い課題を抱えているのだ。それは**「どうやって真実を効果的に伝え合えるのか」**という課題である。企業の役員室から業務の現場に至るまで、これ以上に基本的なマネジメントの課題はない。

長い年月にわたって無数の組織がこの課題に悩んでいるのを見てきた私は、本書の詳述するMMOT（マネジメントの正念場）は大いに効力のあるエレガントな手法だと思っている。

- **現在の現実を認める。**
- **今の状況に至った思考プロセスを検証する。**
- **何を変えるべきかの計画を作成する。**
- **計画の進捗を見るためのフィードバックシステムを構築する。**

一見すると単純な要素ばかりだが、これを首尾一貫して実行に移すのは決してたやすくない。先にあげた企業文化統合の例でも明らかなように、「今の現実」を共有するのは決して簡単ではない。見方が対立する人たちは、それぞれ自分に見えている現実を唯一の真実と思い込み、それ以外のデータや解釈が存在する可能性を考えない。「今の現実を認める」という最初のステップを実行するためには、自分の見解を安易に押しつけるのではなく、真摯に問いかける姿勢が必要となる。また、現実認識で合意できない理由には、人の感情も関係している。決まりが悪かったり、腹が立ったり、不安だったりするために現実をありのままに見ることが難しくなるからである。だから現実をしっかり認識するには感情的な葛藤と向き合う覚悟も必要となる。

現実がどのようにしてそうなったのかを考えるのも同じように難しい。人の見解の違いに強い感情が伴うだけではない。本書で著者のボダケンとフリッツが示すように、複雑な状況においては合意できる単純明快な結論が存在することは稀であり、担当者個人のミスだという見方もあれば、仕事の環境が劣悪なせいだという見方もあり、実にさまざまである。例をあげよう。マサチューセッツ工科大学（MIT）の同僚であるネルソン・リペニングは、企業がしばしば恒常的な「火消し」に終始していることを示している。たとえば、製品の市場投入が遅れそうだと言って、市場投入まで余裕のある「上流」のプロジェクトの資源を回してきて、遅れそうなプロジェクトにあてがうケースである。市場投入の期限を守るのに必死の担当者は、とにかく資源が必要だと訴える。すると上層部はその熱気に負けて資源の流用をしぶしぶ認める。しかし資源を奪われた上流のプロジェクトでは、重要な初期設計にしわ寄せが行き、必ず近い将来に遅延を生じる羽目になる。こうして火消しと資源不足の悪循環を生じるのだが、誰も自分の決定に責任があることに気づくことがない。

因果関係の見方は人によって大きく異なることが多く、私たちの見方は自分に都合の良いものになりやすい。複雑なパフォーマンス問題を理解するためには、お互いの異なる見解に耳を傾け、その根拠を探求する姿勢が必要になる。「門外漢《アウトサイダー》」の異なる見解に耳を傾ける必要もある。たとえば社内で確立された常識に囚われていない新人の声などである。しかし私たちは自分の主張のためにデータを選び、自分の主張を通すための解釈を行い、その解釈に疑いをもって検証することが少ない。ノーベル賞受賞物理学者のファインマンは、「科学者の最大の責任は、自分の理論を否定することにある」と言っているが、その責任を果たせている科学者は滅多にいないし、ましてや科学の訓練を受けていない私たちにおいては言うまでもない。人の考えをよく吟味するには、お互いに心を開いて信頼し合うこと、そしてボダケンとフリッツが言うように、真実を心から愛することが必要である。端的に言えば、居心地の良さや体面を保つことなどより、真実を知ることのほうが大切でなくてはならない。

MMOTは真実を語るための規律を身につけることを求めている。そのためには方法が必要だ。本書を読み進めれば大きな可能性を秘めたエレガントな方法が手に入る。しかし規律は単なる道具ではないことに注意してほしい。道具とともに覚悟が必要なのであり、覚悟がないために挫折する人や組織が多い。

かつて私の経営の師匠がこう語っていた。「オープンで、信頼があって、真実に基づいた組織の構築について世界中で話すと、誰もがそんな環境で働きたいと思っているように見える。しかし本当にそうだとしたら大問題だ。もし誰もがそういう職場環境を望んでいるのなら、なぜそれが滅多に存在しないのか。私の結論はこうだ。そういう環境を構築するためにどんな覚悟が必要かがまるで理解されていないのである」

MMOTのロジックを受け入れるのは難しくない。それによってパフォーマンスを大幅に改善する可能性に惹かれるのも難しくない。しかし実践はたやすくない。真摯に振り返り、自分たちの考えに疑いを持ち続けるのは、プレッシャーが増す今日の組織ではますます難しい。困難に直面し、それを他者や状況のせいにできないとき、「真実を知ることのほうが居心地の良さや体面を保つことよりも大切なのか」という単純な問いが正念場を呼ぶことになる。

最後に、MMOTはチームすなわち人間関係に関わるものだ。相手から信頼されていない、相手を信頼できない、自分ばかりが率直であることを求められる、などと感じていたら、積極的に真実を語ることが難しくなる。真実を語ることへの取り組みはひとりで成り立つものではない。

これは部下を持つマネジャーに特に当てはまる。階層的に上の立場にあれば、マネジャーのふるまいは人目に触れることになる。行動は言葉より雄弁だと昔からいわれる。個々人が心を開いて学び合うプロセスにおいてこそ、この言い回しがふさわしいことはない。自分が実践していないことを他人に期待してはいけない。他人を変えようとする前に自分が実行することが大切だ。MMOTを自ら実践し、そのために まわりの人たちの力を借りることだ。

その用意がないなら、本書は脇に置いてほしい。本書は単にたくさんの優れた知識を勉強するための本ではなく、実践を要求する本である。その実践は単純ながらも大いに変革を伴う。それは人が身を捧げるのにふさわしい組織を構築するために不可欠の実践である。

はじめに　マネジャーの正念場

真実というのはどんな文脈で取り上げても難しいテーマだ。当然ながらいろいろな問いがやってくる。真実とは何か。どうやって知ることができるのか。それは本当に真実なのか、それとも個人的見解なのか。誰かに真実を告げるなんて危険ではないのか。相手は受け取ってくれるのか。真実を告げることで相手を傷つけはしないか。

それぞれ真っ当な疑問だ。そこで本書『マネジメントの正念場 —— 真実が企業を変える』を読んでいただく前に、私たちがどういう意味で真実を扱っているのかを明らかにしておきたい。

本書における「**真実**」とはどういう意味か。私たちはどうやって何が真実かを知り、それを伝えることができるのか。肯定的で、生産的で、実用的で、有用で、効果的に伝えるにはどうしたらいいのか。

こうした大事な問いに答える前に私たちの考えをお伝えしておきたい。**ビジネス構築において、真実は決定的な競争優位のひとつである**。真実こそが組織学習を推進するうえで不可欠の要素だ。真実を探求し、お互いに本当のことを伝え合うことによって、私たちは人と組織のパフォーマンスを改善することができる。

裏を返せばこういうことだ。もしお互いに本当のことを言えないままで組織を構築しようとしたらどうなるか想像してみてほしい。間違いを正すこともできず、結果から学ぶこともできず、やり方を調整することもできず、どんな現実に置かれているかを正しく理解することもできない。実際に、会社の半数以上が設立から3年以内に倒産している。なぜそんなことになるのか。現実に何が起こっているのかを把握できていないからである。財務状況、市場における影響力、顧客の購買動機などについての真実を知っていれば、事業が成功する確率ははるかに高かったに違いない。現実を把握することなしに成功はおぼつかない。暗闇の中で意思決定する羽目になるからである。

業績向上の手段には、従業員研修、報奨制度の導入、ＩＴシステム導入、オフサイトミーティング開催、採用制度の開発など、たくさんのアプローチがある。それぞれ役に立ちうる方法だが、真実を伝える本書の方法があってこそ、すべてのアプローチが機能することになる。現実を直視しないことには大きな改善など不可能であり、多大な時間とエネルギーを投資しても成果が上がらない。これは悲しいことだ。人と人が正直に真実を伝え合うこと。これがあって初めて、遂行能力を高め、プロフェッショナリズムを涵養《かんよう》し、組織を統率していくことが可能になるのである。

ここで人間の知覚の特殊性に触れ、人間には客観的に現実を知ることなどできないと言い張る人たちもいるだろう。五感を通してしか世界を理解できない人間は、せいぜい各々の主観的な見解に達するのが関の山で、誰が正しいとか間違いだとか言うことはできないのだ、と。

興味深い主張だが、間違いだ。音楽のピッチを聴き分ける聴覚領域を見てみよう。人間の知覚がいかに普遍的かがわかる。音の高さを聴き取ることもできるし、オシロスコープで見ることもできる。もしふたりの演奏家が音を外して演奏していたら、たいてい私たちはそれがわかる。もし耳が悪かったとしてもオシロスコープで不協和音の波形を見ることができる。音楽を演奏する人間たちが「俺のピッチ（真実）、お前のピッチ（真実）」などと言って異なる音を認め合うなどということは決してない。自分の真実と相手の真実が別々だなどということはありえないのだ。いつもお互いに理解できる客観的現実がそこにはあり、客観性があるからこそ100人以上の演奏家たちがオーケストラで音を合わせて演奏することが可能なのだ。

本書で扱う真実は、音楽におけるピッチのように、客観的な事実に基づいた観察可能なものだ。期限に間に合ったのかどうか。十分な結果を出したのかどうか。数値は数値である。

同時にもっと曖昧で、意見の割れる領域も扱う。品質のレベル、チームワーク、個々人の能力、スキル、態度などである。ここで大切なのは、**どういうスピリットで真実を探求するのか**、だ。私たちが見るべき現実を全力で追求することである。

印象や感想を共有するだけでは困る。お気に入りの持論や長年の経験、自前の哲学や展望や世界観に反する事実に直面しても、厳格さをもって現実を理解しようとできるのだろうか。自分が何を信奉していようと関係なく、**ありのままの現実は何なのか。それを私たちはどうやって知ることができるのか**。

MMOTという本書のアプローチでは、互いに力を合わせて探求し、学習しようとする。一歩ひいて現実を詳しく観察するのである。「僕に見えるものが君に見えるかな。君に見えるものが僕に見えるかな。お互いに違って見えている現実があるかな。どういうわけで違って見えているのかな」というふうに、お互いを否定して争うのではなく、同じ現実を一緒に観察して、見えているものをよりよく理解しようと努めるのだ。

「群盲象を撫《な》でる」の寓話を思い出してみよう。4人の盲人が象に出くわす。ひとりが尻尾を撫でて「象とは縄のようなものだ」と言うと、もうひとりが象の脚を撫でて「そうじゃない、象とは木の幹のようなものだ」と言う。すると3人目が象の鼻を撫でて「違う、象はホースのようなものだ」と言い、さらにもうひとりが今度は象の牙を撫でて「いや、象は大きな歯のようなものだ」と言う。この寓話は、誰もが真実の一片に触れているものの、誰も現実全体を把握することができない様子を示している。

しかしどうだろう、この寓話は「愚盲象を撫でる」と呼び直すのがいいのではないか。この話に登場する盲人たちは自分の知覚を主張するばかりで、お互いの認識の違いについて全く対話していない。象の現実について各々が途方もなく違う理解をしているとき、誰も間違っておらず皆が同じ現実を見ているのだ、というのがお話の教訓として語られる。それはそうかもしれない。だが象は、縄と木の幹とホースと大きな歯を足し合わせた以上のものだ。これらの要素は狭い視野から見た象の断片にすぎない。ここに車輪とドアと座席とエンジンがあったとしても、それを足し合わせたものがすなわち自動車になるわけではない。自動車を見るためには、全体像とパーツの関係を見なければならないのである。

この寓話を「賢盲象を撫でる」にしてみよう。ひとりの盲人が「象は木の幹のようだ」と言ったら、他の盲人たちが「よし、そのまま撫で続けていって、それがどんなものだが教えてくれ」と言うのである。時間をかけて盲人のチームは一人ひとりの気づきを共有し、まだ撫でていない象のあちこちの特徴をつかみ、象の全体像を把握するのだ。

マネジメントにおいて「真実を伝える」というと、ただ単に意見を交換する意味になってしまっている。本書では違う。というのも、意見交換したからといって理解が深まることにはならないことが多いのである。それは**意見がどんな根拠によるものなのかを知ろうとしないからだ**。真実を知るためには現実に照らして検証することを必要とする。自分の見解を支持する事実だけを選り分けて採用するのでは客観的とはいえない。客観的にすべてを観察することで初めて当初の考えを改め、間違った見解を破棄することもできるのだ。

ところが私たちは、これまで自分の理論や体験、観念や理想などと比べて現実を見ることばかり教わってきている。それは差分思考である。既存の考えと現実を比較し、その差分によって現実を理解する。差分思考のアプローチでは、もともとの自分の考えに合わない現実を理解する力が限定されてしまう。もう知っていると思い込んでいたら、新たな地平を開くための鋭い問いを発することなく終わってしまうからだ。それに対し、答えを知っていると思わずに新鮮な眼で現実を見れば、新しい洞察やつながりを発見し、思い込みを考え直し、もともとの考えを刷新することができる。本書ではどうやって現実をもっと注意深く観察し、ありのままの事実を見ることができるのかを探求する。現実を客観視するためには相当な厳格さが必要とされる。また、組織の中においては協働して探求することも求められる。どうやって人を協働プロセスに誘うことができるのか。どうやって常に厳しい事実を見続けることができるのか。自分たちの至らなさが暴露されるときであってさえ、現実の理解を深め続けようと努力するにはどんな動機づけが必要なのか。どうやって職務・職業において上達することができるのか。チームや組織として取り組むにはどうしたらいいのか。

真実を伝えるということ

真実を突き止めるまでが一仕事だが、その真実を伝えることはまた別の仕事である。映画『ア・フュー・グッドメン』でジャック・ニコルソンが語った「お前に真実を扱うのは無理だ(You can't handle the truth)」という印象的なセリフこそ、多くの企業のマネジャーがありのままの真実をありのままに語れない心境を示している。私たちはたいていい剝き出しの真実は人を傷つけ、打ちのめすのではないかと思っている。つまりジャック・ニコルソンの演じた人物と同じ世界観を持っているのである。しかし相次ぐ研究結果がその正反対の事実を示している。ありのままの真実を知るか知らないかの選択があるとき、人は知ることを選ぶのだ。心理学調査が一貫して示しているのは、事実を把握している人間のほうがいつも健やかということである。ある調査では、10代で妊娠して家族から拒絶された少女たちのうち、それをはっきりと告げられたほうが、理由をうやむやにされたよりも、健全で生産的な立ち直り方をしているという。事実をありのままに告げられたほうがいいのはティーンエイジャーだけではなく、企業のマネジャーも同じだ。人は真実を扱うことができるのか。答えはイエスだ！

ここで私たちは現実世界に目を向けなくてはならない。ただ真実を語るだけでなく、それが生産的で役に立ち、将来に良い変化をもたらすようにすることである。真実を語ることは事実を告げることだが、それだけではない。何のために真実を告げるかが鍵なのだ。何を達成しようとしているのか。相手とどんな関係を築こうと望んでいるのか。本書はこうした問いを幅広く追求し、何があったら長続きする成功が可能になるのか、どうして多くの改善が短命に終わり、元の非生産的なパターンに逆戻りしてしまうのかを探求する。

私たちは、相手を操作しようとするコミュニケーションと、厳しい会話をしてでも真実を共有することとの違いを明確にする必要がある。

相手を操作しようとする目的は、相手の内面をコントロールして自分がやってほしいことをやってもらうようにすることだ。ここでの隠れた想定は、放っておくと部下は目標に達成しないだろうという考えである。だからマネジャーは何としても相手に言うことを聞いてもらおうという考えになる。脅したりすかしたりして部下を操り、やりたくないことをやらせようとするのである。

そういう心理操作によって部下を動かしても決して人は育たない。人が自発的に動くことをやめてしまうからである。せいぜい指図に従うだけだ。指導層の指示に心から賛同することなどない。これによってあらゆる人にとっての成長、発展、前進が阻まれることになる。

私たちは、相手が真実を扱えないと思えばそれを和らげて伝えようとする。それは操作だ。あるいは厳しい事実を告げるために、お世辞のオブラートに包んだりする。それも操作だ。はたまた切迫感を作り出すために猛烈な怒りの恐怖をあおる。これまた操作だ。操作すれば手っ取り早く結果を生み出せる。しかし長期的には逆効果だ。心理操作が最悪の管理手法である理由は、上司と部下のあいだの信頼関係をぶち壊しにするからである。

しかし結果を出すためには操作するしかないと思い込むマネジャーが多い。そこでよかれと思ってぎりぎりのところで操作して何とかしようとするのである。この方法では人材育成はできず、部下との信頼関係を構築することもできない。

人を操ろうとすれば信頼関係はぶち壊しになる。これはどんな人間関係にも当てはまる真実だ。プライベートでもビジネスでも同様である。本物の人間関係がないところでは、いろいろな手練手管が横行する。手のうちを見せるな、ほどほどにつきあえ、知らん顔をしろ、本当のことを言うな、などである。誰もがあたかも本物の人間関係があるかのようにふるまうが、ただ状況に合わせて三味線を弾いているだけだ。アンフェアなゲームでフェアにプレイする人はいない。

真実を伝えるためには、そのための場《プラットフォーム》を見つけ出さなくてはならない。人によって情報の受け取り方は異なるからだ。どう語ったらいいのかに気を遣う必要がある。たとえば、会社の財務担当役員（CFO）に話をするなら、簡単に勘定科目の話をすることができる。しかし会計知識のない人に数字を伝えるときは、何を伝えるか、どう伝えるか、どんなペースで伝えるかを調節しなくてはならない。これは操作ではない。専門知識のない人に伝えるために工夫するだけだ。組織の中のいろんな関係者が情報をどう受け取るかをしっかり考えて伝える必要があるが、これは真実を和らげるのとは違う。受け手にとってわかりやすく、受け取りやすい形で真実の全体を伝えたいのである。今どんな状況にあって、どのようにそうなったのか、次はどうしたらいいのか、を相手と探求していきたいのだ。

一緒に仕事をする人たちとのコミュニケーションをよくしていくのはマネジャーの務めだ。本書は部下の扱い方マニュアルではなく、マネジャーに薦める特別なプロセスの提案である。ただし実際に使うときはあなたが直面する具体的な場面に合わせて本書の方法を応用してほしい。その方法は4つのステップから成っているが、この4つのステップはマネジャーのあなたが現実の場面で現実の人々と応用することによって生きた知識となる。本書を利用する読者は、プロのマネジャーとしてしっかりした判断、思慮、実用性を念頭に置いてほしい。ときに厳しい現実の中で一人ひとりのマネジャーが本書のテクニックをどう使いこなすかを学んでほしい。

音楽のブルースには決まった型がある。野球にも決まった型がある。あらゆる芸術やスポーツに決まった型がある。しかし型というのは、人が自由に個性的で生き生きした創造を行うための道具にすぎない。本書で提示する型も同じだ。実際の人や状況に関係なく型通りに進めるなどということは想定していない。あなたが現実の場面に持ち込む自分自身の知性、プロフェッショナリズム、センス、人間性に応じて本書のテクニックを活用してほしい。

本書で紹介する会話の実例には相当厳しい事実が含まれている。活字だけでは実際の会話のトーンをしっかり理解するのが難しく、どんな声色で会話が行われているかを理解する必要がある。真実は不愉快な事実や失敗や失望や混乱を含むことが多い。厳しい会話の中に、率直ながらも前向きで優しく客観的で思いやりのあるトーンをぜひ聞き取ってほしい。そういう人間的な要素なしに本書の文章を読むと、とげとげしい印象を受けるかもしれない。真実を言い訳にして他者を傷つけることに私たちは反対だ。ありのままの真実を、受け取りやすく優しく思いやりのある伝え方で伝えてほしい。

相手に嫌な思いをさせないために現実を捻じ曲げることは決して思いやりのある行為ではな

い。もちろん失敗は嫌なものだが、難しい目標に挑戦するプロフェッショナルにとって嫌な思いはつきものだ。そういうときには、むしろ嫌な思いをするべきなのである。向上を目指すのは心の平静を取り戻すためではない。自分のため、チームのため、組織のために厳しい事実と向き合い、どんな気分でも味わい、次に向上するために何を学べるかを考えなくてはならない。

本書の応用範囲は個人やチームに留まらず、広範囲のプロジェクト運営、経営幹部、下請管理、戦略提携まで及ぶ。本書の定義する正念場を使って業績・生産性・創造性を高めるにはどうしたらいいか。どうやって力を合わせて仕事することができるか。そのときマネジャーの仕事は何なのか。誰かが成長するのをどうやって手助けしたらよいのか。本書はこうした重要な問いに答えていく。

マネジャーの正念場（managerial moment of truth）

という言葉は、マネジャーが現実に起こったことを無視するか直視するかの選択を持つ場面を指している。MMOT（Managerial Moment Of Truth）はそういう正念場において使うことのできる本書のテクニックの名前である。ここで「マネジャー」というのは経営幹部から現場のリーダーまですべてを含む。マネジャーの部下にマネジャーがいることもあるだろう。本書で使う「マネジャー」という言葉の使い方は普遍的なもので、特定の階級を示唆するものではない。上司から部下への指導や支援だけでなく、横の関係や下から上へも含む、あらゆる正念場で活用してもらいたい。

本書によってマネジャーと組織の仕事の仕方に革命的な変化をもたらし、どうやって知恵と力を合わせてともに将来を創り出していけるかを考える方法を届けたい。特に、組織における「真実」というテーマは極めて挑戦的なものだ。そして同時に極めて有意義で、生産的で、実用的なものでもある。今日の組織は市場や経済の激変やグローバル化の波に直面している。激変を扱うことのできる組織は強い。「真実を扱うことができない」組織は埋もれていくだろう。お互いに真実を伝え合うことができることは、組織における厳しい規律であると同時に、すべての成否を左右する鍵である。

ＭＭＯＴとは何か

本書はＭＭＯＴという画期的アプローチを紹介する。この方法を理解して活用すれば、他のコストをかけずに25％から40％の生産性向上が可能になる。途方もないテクニックだと言っていい。

これは誇大広告などではない。共著者ブルース・ボダケンがブルーシールド・オブ・カリフォルニア社の企業変革において発揮したリーダーシップから培った洞察が証明するものである。

ブルーシールド社はＭＭＯＴを検証した現場だ。２００４年までにすべてのマネジャー（４００名以上）と25％の従業員（６００名以上）がＭＭＯＴのトレーニングを受けている。マネジメント改善の具体的メソッドによって、リーダーシップに独特の新しい変化を生み出すことになった。何よりの証拠は目覚ましい業績の向上である。ブルーシールド社はカリフォルニア州の医療業界における最も成長した企業となり、２００５年までの5年間に、旧態依然たる30億円企業から業界に革新をもたらす70億円規模の成長企業へと変身を遂げた。

ＭＭＯＴは共著者ロバート・フリッツが開発したものだ。ブルースがリーダーシップの原則と行動を組織の隅々まで徹底し、あらゆる階層のマネジメントを変革しようと考え、その考えを効果的に実行に移すための方法だった。

２００３年12月の時点で、ブルースは組織を次のように描写している。

他の多くの企業と同様、ブルーシールド社は慢性的な業績不振を分析するための時間をとらないマネジャーで溢れている。厳しい現実に直面している場合に特にそうだ。相手を嫌な気持ちにさせないためにオブラートに包んだ物の言い方をすることが多い。それどころか、失敗や納期遅れ、品質不良や悪い仕事習慣など、無数の不具合があっても見て見ぬふりをしている。例外は、極端に業績が悪い場合であり、そのときはマネジャーが過剰反応している。過剰反応は一時しのぎにすぎず、それが長続きする本物の変化につながることはない。

こんな状況にあって業績を改善することはもちろん難しい。マネジャーはふたつにひとつの選択しかないと思い込んでいることが多すぎる。すなわち、思い切って派手な対決をするか、それとも見て見ぬふりをするか、である。どちらを選んでも長続きする本物の変化につながることは滅多にない。

本書はもっと優れたアプローチを提案する。マネジャーが**早いうちに**現実をありのままに認識し、必要な手を打つことを可能にするアプローチだ。これによって組織は継続的に改善し、学習し、個人とチームの力を伸ばすことができるようになる。

優れた組織や偉大な組織は、必ずあるレベルの誠実さを大切にしており、意図的に他者を欺くことは論外だ。もし組織が誠実さをないがしろにすれば、不正直がはびこり、悲惨な結果を招くだろう。犯罪的な不祥事を例外として、世間のたいていの組織は基本的な誠実さを大切にしている。もし誰かがあからさまな嘘をついて見つかれば、厳しい結果が待っている。

しかし組織風土に潜む微妙なごまかしも存在する。たとえば「上司に口答えしない」「自分のミスを認めない」「データにケチをつけない」「必ず達成できる低めの目標を立てる」など、ほとんど無意識に従っている暗黙の集団ルールがある。MMOTにはこうした慣習の背後に潜む多くの想定を明らかにするための形式がある。企業文化、戦略、ビジネス、市場、統計などにまつわる想定をあぶり出すのである。また、MMOTによって価値の衝突や利害相反などを明るみに出し、必要な意思決定を下すこともできる。

組織風土の盲点を克服しろと従業員に命令しても克服できはしない。しかし厳格な探求のプロセスによって現実をゆがめている慣習の正体を暴くことができる。正体が暴かれれば古い慣習は持ち堪えることができず、新しい慣習の基礎が築かれることになる。

もしあなたが強いリーダーなら、まわりの人たちに厳しい真実を教えてほしいと望むだろう。そして自らもまわりの人たちに厳しい真実を伝えたいと思うだろう。ジャック・ウェルチは「組織の成功の秘訣は何か」と聞かれたときに間髪をいれず「率直さ」と答えている。これはもちろんウェルチの言う通りだ。しかし「本当のことを教えてくれ」とまわりの人に頼んでも真実を語ってくれるとは限らない。もし本当に率直さこそが組織の成功の秘訣だったとしたら、なぜ率直さはこれほど稀なのだろうか。私たちは真実をどうやって伝え合うかを学ぶ必要があるのだ。それぞれの意見をぶつけ、感情をぶちまけるのとは違う。この数十年というものの、企業のマネジャーの多くはグループミーティングに出席しては「正直」という大義名分でお互いを何時間も侮辱し合う経験をしてきている。こういうセッションは真実を求め、真実を伝え合うのとは正反対のものだ。意見をぶちまけるのと現実を探求するのとではまるで異なる。本当に集団で真実を追求するならば、お互いに質問し合い、自分と異なる見解を真剣に理解しようと努めるものだ。他者に自分の意見を押しつけるのではなく、理解しようと努力する。そうやって対話することで相互理解を図るのである。

真実を伝えるには、まずありのままの現実を見ることから始まる。自分の偏見、固定観念、理論、憶測、過去の体験などでゆがめずに観察する。現実を観察する際には、「わかっている」「知っている」という先入観で見るのではなく、「わからない」「知らない」と前提して始めることだ。自分の見解や思い込みが間違いだと認めざるをえなくなることを承知のうえで、厳格な追求を行って現実をありのままに探求するのがリーダーやマネジャーの務めである。組織において人々が共同で現実に向かい合い、ふだんよりも深く掘り下げ、ときに厳しく不愉快なときでさえ、現実に背を向けない覚悟を決めることができる正直な文化を培う必要がある。

これは簡単なことではない。方法と覚悟が必要だ。自分の意見や信念をはるかに超えて現実を探求するための道具立てが必要だ。自分が本当に真実を知りたいと思う衝動を見出すことも必要だ。これを個人として、そしてチームとして実践する必要がある。MMOTは組織の中でこうした地道な作業を積み重ねることのできるエレガントなアプローチである。

MMOTは4つの基本的要素で成り立っている。ありのままの真実を見る能力、その現実を分析するプロセスに人々を向かわせる能力、将来のためにもっと優れたアプローチを創造する能力、そして業績向上のためにフォローアップする指導育成《メンタリング》のプロセスだ。

現実は嗜好品のような大人の味である。最初はとっつきにくく、苦い思いをすることすらある。しかし時を重ね、経験を積むにつれて、その味わいがわかるようになり、もっと味わいたくなってくる。組織がいったん現実の味を覚えたら、後戻りは難しい。正確で、真実で、クリーンな現実ほど魅力のあるものはない。

一時しのぎをしてもつけが回ってくる

忙しいマネジャーはできの悪い仕事を見ると一時しのぎをすることが多い。最もよくあるのは、仕事のできる人間に仕事を任せ、改善を要する人間には仕事を任せないというやり方である。

もしあなたに心当たりがあるなら、それはあなただけではない。組織におけるマネジャーの大半がこれをやっている。仕事の成果を真剣に考えるなら、仕事のできない人間に仕事を任せないというのは自然なことだ。指導して改善する時間をとる余裕がないのだから。しかしその時間をとらなければ、いつまで経っても人は育たず、生産力は上がらない。

「そのうち何とかなるだろう」

仕事のできない人間といっても、実際には能力を備えていることが多い。クビにしなくてはならないほど駄目な人間は滅多にいない。しかし大事な仕事を任せるには頼りない人間が多い。こうした人たちに大事な仕事を任せないことによって、チーム全体にしわ寄せがいく。できる人間ほど燃え尽きるようになり、仕事ができないと思われた人たちは自分への評価や敬意がないと感じ、本気を出して働こうという意欲がなくなる。

このパターンは時が経つにつれて悪化する。改善が見られぬまま放置され、私たちの苛立ちや憤りが募っていく。一時しのぎを続けていくと我慢ができなくなる。今まで見て見ぬふりをしていた小さなミスやちょっとした行き違いに対して怒りが爆発し、突然大変な騒ぎになってしまう。

これが起こると、ミスの大きさに対して反応が明らかに大きすぎるので、まわりからは、機嫌が悪かったんだろう、家で何かあったのかな、悪い物でも食べたのかもしれない、などと思われてしまう。罪に対して罰が釣り合っていないことはマネジャー自身もよくわかっている。そうやって怒りをぶつけたところで改善にはつながらない。いったん怒りが収まると気まずい雰囲気になり、もう感情を発散しているので落ち着いてしまっている。嵐は過ぎ去り、双方ともに何もなかったことにしてしまう。

指導が過少→過剰→過少

「過少→過剰→過少」というパターンがある。部下への指導が「過少」の時期が長く続く。だんだん仕事の負荷がきつくなってくる。そして頼りになる部下はあまりにも少ない。ある日、我慢の限界が訪れ、あなたは爆発する。爆発するのは決して部下を目覚めさせて育成しようという親心からではない。単に我慢の限界に達しただけだ。自制が利かなくなると突然バトルが始まる。「過剰」反応である。

バトルが終わると、また「過少」時間に戻る。ただ今度はどうしようもない状況に陥っている。なにしろ部下は解雇するほど駄目ではないが、大事な仕事を任せられるレベルではないのだ。こんな状況では、駄目な仕事ぶりがどのような結果を招いているかを探求するよりも、ただ文句をつけて終わってしまうのである。

長い目で見ることができない

忙しいマネジャーはできの悪い部下のために時間をとる暇がないと思っていることが多い。しかしその時間をとらなかったら、もっと一時しのぎに時間をとられることになる。最初から時間をとっておいたほうが身のためだ。

一時しのぎは長期的に事態を悪化させる。慢性的な原因を無視して表面的に取り繕うことではチームの業績を向上することにつながらない。悪い業績の原因になっている人間は、まさか自分に原因があるとは気づかないでいるかもしれない。放置すれば悪化するのは目に見えている。

それに対し、ＭＭＯＴを活用すれば、わずかな時間を投資するだけで劇的な改善を望むことができる。ＭＭＯＴでは何が起こっているかを認識し、悪い兆しが現れたらすぐに介入する。見過ごせばあとで対処するのはもっと難しくなる。問題が小さいうちに芽を摘み取るのである。

将来に禍根を残してしまう

他人と真剣に向き合うのが苦手な人は多い。できるだけ対決を避けてしまう。皮肉なことに、早めに向き合わないと将来に禍根を残し、もっと大変な対決を余儀なくされる。本書のテクニックは次の原則に則っている。

――早めに必要な修正をせよ。些細な兆しを放っておけば慢性的な悪習慣となって深刻な対――

立を招くことになる。

本当に対立を避けたいのならば、問題の芽が小さいうちに摘み取ることだ。状況を見てすぐに部下と真剣な対話をするのである。これを実行すれば、次のようなメリットを享受することになる。

- 部下のメンター（指導者）としての信頼関係
- コストをかけずに生産力を上げる
- チームが協働して学ぶ方法を得る
- 真実を客観的かつ公正に扱う能力
- チームが客観的に自己評価する力
- 自分のミスを認めて学ぶスタッフ
- 継続的改善を可能にするシステム
- 仕事のプロセスを考え直すスキル
- 自分がリーダーとして向上する力

マネジメントにMMOTを組み込んだ組織では、仕事の取り組み姿勢が変わり、組織文化が変わる。真実にまつわる非常に有益で劇的な変化が起こる。

多くの組織では情報が操作されており、社員もそれを承知している。もしマネジャーが厳しい現実を正直に直視せずにゆがめたり、避けたり、編集したりすれば、それは「悪い状況では真実を語ったりするな」という暗黙のメッセージになる。

組織によっては、現実に問題が生じているときに本当のことを言う者を罰し、偽ることを奨励する制度が運用されている。不都合な真実を口にする者は昇進できず、左遷され、友人や影響力を失うようになっている。

組織の中で人は正直でいられるということを知る必要がある。残念なことに多くの組織では「上司が聞きたがることだけを報告せよ」という空気が流れている。これでは上司が裸の王様になってしまう。

現実をストレートに扱えないと、社員は非生産的なやり方で不満を垂れることになる。廊下で愚痴を言い合い、実りのない不満を吐き出す。

それに対して、マネジャーが真実を伝え合える場を作れば、事態は好転していく。誰もが気持ちよく会話できるようになる。お互いを信頼できるようになっていく。自分の感想を分かち合い、見解の相違を整理し、一緒に学ぶようになる。フェアなゲームにおいて人々はフェアにふるまう。MMOTはフェアなゲームを可能にし、人が成功し、成長し、勝利することができるようになるのだ。

第1章

MMOTの基本テクニックをマスターする

マネジャーは決定的な瞬間を日常的に迎えている。気づかずに過ごしていることが多いが、実はマネジャーの運命を左右している。こうした瞬間のことを本書では「**マネジャーの正念場（managerial moment of truth）**」と呼ぶ。

正念場をどう扱うかがマネジャーの行く末をふたつに分ける。うまく扱わなければ仕事がますますやりにくくなる。うまく扱うことができれば、人と組織の力を引き出してチームを盛り立て、リーダーシップを発揮することになる。

正念場の実態

実際の正念場は「気づき」と「決断」の二段階で構成される。

ひとつは、期待と実態にずれがあるという「気づき」である。もうひとつは、その情報をどう扱うかの「決断」である。

気づきのあとで、それを無視するか直視するかの「決断」がある。どう決断しようとも正念場はすでに到来している。ここが決定的瞬間だ。なぜならこのときのあなたの決断こそがあなたのマネジャーとしての影響力を決定するからである。さらに、あなたが日頃どんな決断をしているのかが他者への見本となり、直属の部下、チーム、組織全体に影響を与えるのである。

正念場には、納期遅れ、未完了プロジェクト、仕事の品質問題などがある。こうした正念場をしっかりと扱っていれば、あなたはリーダーシップを発揮してチームの業績を上げ、学びを増進し、深い信頼関係を築くことができる。

それに対して、正念場をしっかり扱うのに失敗すれば、あなたのチームの人たちは次のような教訓を学び、禍根を残すことになる。

- 素晴らしい仕事をしなくても許される。
- 期待に届かなくても言い訳さえあれば許される。
- やると約束したことをやらなくても許される。

正念場を扱うことにすれば、あなたは自分自身と部下、チームや関係者が成長し、改善し、仕事への取り組み方全体を考え直せるようになる。逆に、正念場を扱わないことにすれば、チームの今後の業績を損ない、あなた自身のマネジャーとしての信用も損なうことになる。ところが私たちは正念場を扱わずにやり過ごしてしまうことが多い。それはどうしてなのか。

それは私たち人間の根底にある力学によるものだ。誰かと向き合って嫌な気持ちになったり、居心地が悪かったり、感情的な対立に直面したりすることをできるだけ避けたいのである。そこで自分に言い訳をして正念場に背を向ける。「今は忙しすぎるから」「自分でやったほうが簡単で早い」「この部下はよくやっているので些細なことで気を悪くしてもらいたくない」などの言い訳だ。

また、過去に正念場を扱おうとしてうまくいかなかったかもしれない。指導した直後は改善したように見えたが、しばらく経つと元の駄目な仕事ぶりに戻ってしまうのである。

そういう経験を重ねると、多くのマネジャーは部下を指導して変えようとするのは時間の無駄だと結論づけてしまう。何年も失敗を重ねて疲労してしまうのである。部下の育成など無駄な努力だ、死に馬に鞭打つようなものだ、と。

しかし、すっかり幻滅しているベテランのマネジャーでも、本書の方法を使うことによって、どんなに効果的に人を育成できるか、学ぶ習慣を生み出せるか、そして追加のコストをかけずに生産力を上げられるかを学ぶことができる。ＭＭＯＴのプロセスは、マネジャーが本当は扱いたいと望む正念場に焦点を当て、時間をかけて効果的に扱うことを可能にする。ベテランのマネジャーも自分自身のマネジメントをどうしたらいいのかを学ぶことができる。疑いが晴れて実践者となれば、これほど強い味方はいない。

MMOTでは次の4つの問いを立てる。**「何が起きたのか」「どのように、そしてなぜ起きたのか」「次に活かすために何を学べるのか」**、そして**「新しい方法がうまくいっているかどうかをどう知ることができるのか」**

このテクニックはこの形式に従って行うが、これは料理のレシピのようなものではない。このテンプレートに従って聞き取りやアンケートを行うというものではない。この特定の形式は、MMOTを行うあなたとその相手が、なぜその状況が起こったのかを理解し、その理解から何を学べるかを探求するためのものだ。

この形式は単純明快で理解しやすく、すぐに利用できる。その論理によってあなたのチームは学習と指導育成《メンタリング》に成功する確率を高めることになる。

基本的なテクニックは4つのステップで構成されている。

1. 現実を認識する。
2. どのように状況がそうなったのかを分析する。
3. 行動計画を創り出す。
4. フィードバックシステムを構築する。

一つひとつのステップがそれぞれ大切である。ステップを飛ばしたらうまくいかない。ステップごとに必要なスキルがあり、そのステップが終わると次のステップに進むことになる。

ステップ1：現実を認識する

あなたの直属の部下が重要な提出期限に遅れたとする。この状況を最大限活用するにはどうしたらいいか。

最初のステップは、状況を認識することである。認識とは、ただ単にマネジャーのあなたの見解を告げることではない。あなたの部下も同じ現実を認識することが大切だ。

ステップ1のポイントは、両者が現実をありのままに理解することだ。これはとても単純なことに思えるだろう。しかし実際の事実と、これまでの経緯やその意味や誰のせいかなどをごちゃごちゃにして話す人が実に多い。次から次へと異なる話をしていたら、事実をしっかりと把握することができなくなってしまう。

ＭＭＯＴの大きな特徴のひとつは「トピックを外れない」ということだ。それぞれのステップで、そのステップのポイントを達成するまで、主題を変えずに厳密に行うのである。

ステップ1では、純粋な事実だけをありのままに述べ、解釈や編集を加えないのが一番だ。上司と部下の双方が同じ現実を同時に見るというのがポイントである。

「この報告の期限は11月23日で、今日は11月29日だ」

事実だけを述べること。それについてどう思うかや、相手にがっかりしている気持ちなどは述べない。ステップ1では、どういうわけでそういう事態になったのかについては触れない。それはステップ2の主題である。

マネジャーのあなたは部下が事実を認識するのを手助けするのである。単純そうに見えるが、人がありのままの現実を認めることは驚くほど多い。

たとえば次の例を見てほしい。典型的な、なかなか現実を認められないケースである。

上司「この報告の期限は11月23日で、今日は11月29日だ」
部下「他にも遅れているものがたくさんありますよね……」
「他の仕事で忙殺されていました」
「感謝祭の連休がありましたから」
「シカゴに出張していました」
「うちの子が大学に入ったばかりなんです」
「パソコンの調子が悪いんですよ」

「申し訳ありません、これから気をつけます」

なぜ人は単純な事実を認められないのか。葛藤を感じるからである。葛藤の感情をおさめようとして現実から目をそらす。これは人間として自然な反応だが、明らかな事実を認めることを難しくしてしまう。感情的反応によって主観的な物の見方に追いやられ、「**自分がどう感じるか**」を「**何が真実か**」よりも優先することになる。何とか葛藤を逃れたいのだ。

ここでマネジャーの腕が問われる。部下が主観的な視点から客観的な視点へと移行できるように手を貸すのである。単純に見えるが、偉大な転換だ。

前述の部下の返答の多くは「葛藤を逃れたい」がゆえの言い逃れである。「この報告の期限は11月23日で、今日は11月29日だ」という単純な事実の何が厳しいのだろうか。客観的な視点に立っていれば、何も厳しいことはない。主観的な視点に立っていると、期限遅れの事実は感情的に耐えがたく、それで真実から目をそらしてしまうのである。

ＭＭＯＴプロセスにおけるマネジャーのあなたの役割は、ガイドであることが多い。当初の主観的な反応から、現実をありのままに見る客観的な視点へと導いてやるのだ。マネジャーのガイドによって、最初は現実逃避していた部下が、やがて現実を受け入れ、続いて積極的に現実を把握し、最終的には現実を喜んで歓迎するようになるまで進化していく。

ＭＭＯＴが組織における標準手続になると、真実や現実はもはや脅威ではなく、業績向上に向けた強力な味方になっていく。

事実に合意する

人は葛藤を嫌って現実に背を向ける傾向があるとわかっていることから、あなたは事実を述べるだけでなく、相手がその**事実に合意することを確かめる**必要がある。

ＭＭＯＴを主導しているのがあなただからといって、一方的な会話をしてはならない。あなたが述べた事実に相手が合意しているのかどうか確かめるのが大切だ。あなたは相手が合意したと思い込んでしまい、相手が実は認めていないということがある。相手が「そんなに単純な話じゃないんですよ、勘弁してください」と言っているようなものだ。葛藤を回避しようとする反応には、自分で気づいていない人が多い。だから、悪意があって事実を認めないわけではない。葛藤を嫌って自分でも知らぬうちに反応しているのである。前述の返答がなされたときの背後にある隠れた想定を見てみよう。

「他にも遅れているものがたくさんありますよね……」

期限に遅れているものの、それは自分だけではなく、他にも遅れている人たちを放置して自分だけが槍玉にあげられるのは納得がいかない、ということが暗示されている。

「他の仕事で忙殺されていました」

「感謝祭の連休がありましたから」

「シカゴに出張していました」

「うちの子が大学に入ったばかりなんです」

これらは皆、自分の状況のせいにしている。上司は困難な状況に対して同情すべきであり、期限遅れを責めるべきではないと暗示している。


「パソコンの調子が悪いんですよ」

これは不可抗力であり、自分のせいではないと暗示している。


「申し訳ありません、これから気をつけます」

これは誠実な謝罪なのかもしれないが、これだけ反省しているのだからこれ以上追求しないでほしいと暗示している。「これから気をつけます」は自分の責任を認めるのではなく、会話を終わらせようとしている。

繰り返し言うが、ステップ1の目的は現実認識を共有し、そこから次に進めるようにすることだ。事実を述べたら、それが真実であると相手が合意していることを知る必要がある。

上司「この報告の期限は11月23日で、今日は11月29日だ。そうだね？」
部下「はい」

この「はい」は重要だ。この合意に基づいて、パターンやアプローチ、考えや展望を変える作業をすることが可能になるのである。

余計なことを言わないこと

現実を認めるというのは客観的に真実を述べることであって、自分の主観的感情を交えることではない。

「君にはがっかりだ」
「あなたは無能です」
「こんなこともできないのか」
「プロとはいえない」

こんな言われ方をしたら誰だって素直に心を開いて話すことが難しくなる。感情的反応をしてもおかしくない。冷静沈着な人ですら感情を揺さぶられかねない。

MMOTがどういうものなのかを言葉と口調とで伝える必要がある。このケースでは期限に遅れたという事実を取り上げており、それだけが伝えるべきメッセージだ。「一歩ひいて現実を一緒に見てみよう。僕に見えているものが君にも見えているかな?」とでも言うように会話することだ。

安心よりも真実を優先する

ステップ1がうまくいくためには、偽りのない真実を伝えなくてはならない。そして剝き出しの真実と安心したい気持ちが葛藤することもある。もし安心を優先させてしまうと、気まずい思いをさせないために真実を避けてしまうことになりかねない。

それに対し、もし真実の価値を優先させるなら、現実について気まずい思いがあっても現実を直視することになるだろう。

プロの仕事においては、ほとんど常に真実と現実が優先される。気まずい思いは後回しだ。一流のプロフェッショナルは、どんな状況においても真実を明るみに出すことができる。MMOTの実践は、一人ひとりがプロフェッショナルになっていくのを助けている。一つひとつのMMOTセッションがプロとしての成長の礎となっていくのである。

ステップ1がうまくいくと、気まずい思いを避けることよりも真実を認めることを大切にするようになる。当人はまだそのことに気づいていないかもしれない。しかしマネジャーのあなたは相手が現実に通じることへの関心を高めていることに気づく。これはなぜなのか。皮肉なことに、現実を直視すればするほど、不快な感情は薄らいでいくのである。つまり真実に慣れていく。やがて真実以外の代用品を受け入れなくなる。

真実を語ることが組織における標準となる

私たちは真実を語るための場《プラットフォーム》を構築しているのである。たまにしか真実を語らないのでは組織への影響はその場限りのものにしかならない。そこでMMOTが定着するためには、**真実を語ることが組織の標準にならなくてはいけない**。しかし真実が大事だといくら口を酸っぱくして言ったところで、言うだけでそれが根付くことはない。壁に企業理念のポスターをいくら貼り付けても、それだけで組織に根付くことがないのと同じことだ。

どんなに悪い知らせであっても真実を伝えていいのだということをチームのメンバーに教え込む必要がある。

出発点をわかっていることがマネジャーとして大切だ。MMOT以前は、悪い知らせを率直に伝えることに皆が慣れていない。MMOT以降は、悪い知らせだろうが何だろうが現実をありのままに伝えるのが自分の仕事の一部だと皆が考えるようになる。組織内の一人ひとりとチーム全体に次のメッセージを伝えたい。

——**ここでは真実を語ることが「安全」であり、真実を語らないことは許されない。**——

ひとたび現実を正確に伝え始めれば、人は当初こそ居心地悪く感じるものの、やがてそれに慣れていき、お互いに真実を伝え合うのが習慣になっていく。たったこれだけでも業績向上につながる。

ステップ2：どのように状況がそうなったのかを分析する

ステップ2では、部下がどのようなプロセスで仕事をしたのか考えるのを助ける。上司と部下の両者で、「今の状況をどう理解したらいいのか」を考えるのである。

ここで大切なのは、どんな意思決定によって仕事をしたのかを探求することだ。どんな想定や思い込みがあったか。その想定や思い込みは正しかったのか。どんな計画と実行が実際にあったのか。

しっかりとした分析ができるように助ける必要がある。これは問題解決の場ではない。言い訳を聞く場でもない。わからないことの辻褄を合わせるための推測をする場でもない。そうではなく、**相手がどんな思考プロセスを踏んだのか**、を追っていくのである。これは協働的な学習プロセスだ。最初に何が起こったのか、それに続いて何が起こったのか。どんな決断をしたのか、なぜそういう決断をしたのか。その決断の結果として何が起こったのか。

たとえばこんな探求がなされる。

「期限に遅れているけど、何があったの?」

「とにかくやることがたくさんあって忙しかったのです」

「この期限は正当なものだったの? つまり、この時間軸で仕事をする必然性はあったのかな?」

「ええ、マーケティングの人たちが広告キャンペーンのためにこの情報を必要としていましたから。ですから、この期限はプロジェクト全体の中で必要なものでした」

「期限を守ることが必要だったとして、この仕事を引き受ける際にあなたはどういうふうに考えたの?」

「こんなに時間がかかるものだとは思っていなかったのです」

「それはどうして?」

「ただ、そう思っていなかったのです」

「もっと綿密なプランニングをしていたらどのくらい時間がかかるかわかっていたかな?」

「このケースでは、そうですね」

「どのくらい時間がかかるかについて想定があって、その想定が間違っていたということだね。しっかりと考え抜いていなかったと言って差し支えないかな?」

「そうですね。そんなに時間がかかると思っていませんでした。でも実際には、取りかかってみると、たちまち大量の作業に圧倒されてしまいました。この作業だけでなく、他のいろいろな作業にもです」

「なるほど。あなたがこの仕事をしようと考えたとき、他の作業のことも勘定に入れたかな？」

「いいえ」

「ということは？」

「自分の作業の全体像を把握しなくてはならない、やるべきことすべてを考えなくてはならない、ということです」

「これはあなたのパターンだろうか。時間の見積りが甘くて、やるべき作業のすべてを把握せずに始めるということがときどきあるの？」

「はい」

「なるほど。それではひとつ考えられるのは、どんな仕事でもどれだけの作業量が要求されるかを最初に考え抜く仕組みを持つことだ。もしあなたが今回の仕事がこれほど大変だということを当初から知っていたとしたら、どうしたと思う？」

「2週間は早く開始していました」

「それはいい考えだ。さて、仕事によっては早く開始できないこともある。誰かからの情報が必要だったり、許可や決定を待たねばならなかったりする。今回がそういうケースだったとしたら、何ができただろうか」

「他の作業を前倒しで終わらせておくことによって、作業負荷が重ならないようにすることができたでしょう」

「もしそうしていたとしたら、今回のケースはうまくいったかな?」

「はい」

「自分の仕事の癖について何に気がついているかな?」

「私は自分の作業がどのくらいの時間を要するかをもっと把握し、自分の作業の全体像を計算に入れる必要があります。もっと現実的なスケジュールを立てる必要があります」

「いいね」

仕事のパフォーマンス

相手の仕事のパフォーマンス分析を助ける際、ふたつの要素に着目するといい。ひとつは**デザイン（設計）**、もうひとつは**実行**である。

デザインと実行の両方が優れていることが優れた仕事の鍵となる。しかし実際にはどちらかが欠けていることが多い。

最高のデザインがあっても実行が伴わなければ台無しになる。素晴らしい設計のレース用ボートがあっても、乗る人間の技術がなければ意味がなく、レースに勝つことはないだろう。

悪いデザインは、良い実行を妨げる。仕事のデザインがお粗末だと、実行する人たちは無駄な努力を強いられることになる。素晴らしい技術を持った選手がいても、レース用ボートの設計がお粗末だったら、やはりレースに勝つのは難しい。

デザインが悪く、実行も悪ければ、いったい何が起こっているのかを把握するのが難しくなる。デザインが悪いのか、実行者が悪いのか、ボートも選手もビリになる可能性が高い。

期限に遅れた原因が仕事のデザインにあるのなら、デザインを改善することだ。仕事の流れ、プロセス、順序などに着目する。

品質改善運動によって私たちはビジネスプロセスのデザインに着目し、プロセス改善することを覚えた。デザイン改善によって劇的な品質改善につながることがある。ＭＭＯＴは実行よりもデザインに着目することが多い。

「イアン、どうして期限に遅れたのかな？」

「ラルフからデータをもらう必要があったんです」

「データをもらうまで何もできなかったのか？」

「そうですね、他のことをやっておいてデータが来たら入れるだけにしておくことができたかもしれません」

「それでうまくいったかな？」

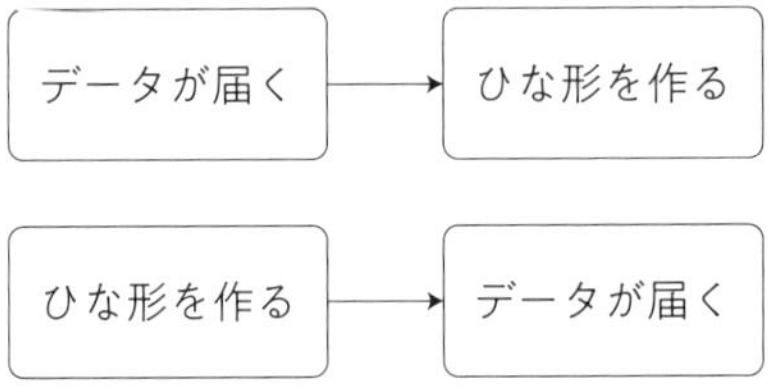

「はい。データがなくてもひな形を作ることはできたはずです。ダミーの数字を入れておけば。ラルフからは14日以降にしかデータをもらえませんから、15日あたりにデータを入れて間に合わせることはできたはずです」

このケースでは、デザインの要素は、時間・順序・期限・データをもらえる日である。この場合、デザインは単にふたつの要素の順序を見るだけだ。順序次第でうまくいくかどうかが左右される。

失敗の原因は、デザインのこともあるし、実行のこともあるし、両方のこともある。ステップ2ではデザインと実行の両方を見て、どうやって失敗が起こったのかを理解する必要がある。

デザインの要素は次のようなものを含む。

- 順序
- スケジューリング
- 責任
- 作業負荷と作業能力のバランス

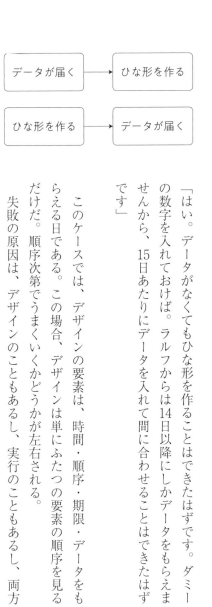

- 利益相反
- 報奨制度の整合性
- 納期遅れ
- 在庫
- 仕事のフロー
- 利用可能な技術

実行の要素はたとえば次のようなものを含む。

- 能力
- 想定・思い込み
- 作業習慣
- 権限委譲
- 仕事を頼んだ相手への確認
- 意思決定
- 役割・ルール・成果・今の現実の明確度合い
- 創造性

・柔軟性
・揺るぎなさ

ステップ2のポイントは、思考プロセスを理解することである。どうやって意思決定したのか。どんな想定や思い込みがあったのか。その想定や思い込みは正しいものだったのか。順を追って話を聞いていけば、どこで重要な決断をしたのかを理解することができる。出来事の順序を確認するためには次のような問いが役に立つ。

「仕事を引き受けたとき、どのように考えたのか」
「誰が何をすることになっていたのか」
「自分の時間はどのくらい必要だと考えたか」
「いろいろな作業の責任者は誰だったのか」
「スケジュールに遅れていると気づいたのはいつか」
「それについてどうしたのか」
「スケジュールに間に合わせつつ品質を担保するためにどんなプランニングをしたのか」
「当初の予定通りうまくいかなかったとき、どんな決断をしたのか」
「それがうまくいっているかをどうやって確認したのか」

「今の状況に鑑みて、今後はどう改善していくつもりなのか」

順を追って聞いていけば、どんなことがあり、どんな決断をして、どんな想定を考え直すべきか、順序やスケジュールの影響は何か、思わしくない結果につながるパターンは何だったか、協力会社や取引先への期待の影響は何か、などがはっきりしてくる。

ステップ2では、何が起こったのかを理解することが大切であり、失敗の責任を追求するのではない。客観的な分析を通じて因果関係を正確に理解するのがポイントである。はっきりとわかればわかるほど、もっと明快に理解することができる。

ステップ3：行動計画を創り出す

次のステップでは、仕事のプロセスをどうしたらいいかを考えることになる。いろいろな発見や気づきがあっても、それを行動に落とし込まなかったら無駄になってしまう。行動計画は「発注前にスーザンに確認をとることにする」のような単純なものかもしれないし、もっと複雑かもしれない。どんなに単純でも複雑でも、きちんと書き留めることが重要だ。何をするのかについて合意するからには、何に合意するのかをはっきりさせる必要がある。行動計画から次の正念場につながる。

・実際に行動に移されたか。
・期待した成果を生み出せたか。

次のMMOTではさらに調整を加えるかもしれないし、「よくできた」で終わるかもしれない。

行動計画は理にかなっていて、実践的で、効果的で、実行したときにうまくいっているかどうかを測るフィードバックの仕組みを組み込んでいる必要がある。

前述の例では、引き受けた仕事にどのくらいの時間がかかるかを考えていない、他の仕事との兼ね合いを考えていない、ということだった。そこで行動計画では次のようになるかもしれない。


「同じような仕事を次に引き受けるのはいつになるかな？」

「ちょうど引き受けたところです」

「期限はいつ？」

「5週間後です」

「今日わかったことから、仕事のプロセスをどう変えたらいいかな？」

「まず、どのくらいの時間がかかるかをしっかり把握することです」

「正しく把握できたかどうかはどうやってわかるかな？」

「仕事の範囲や、自分の使えるリソースを確かめる、ということですね」

「いいね。他には？」

「予想外のことでつまずきたくないので、自分の仕事の全体を把握するようにします。スケジューリングをもっと巧みにやります」

「そういう手を打ったら、今度は期限に間に合うかな？」

「はい、間に合います」


この例では、ステップ2の分析を使って行動計画を作るのをマネジャーが手助けしている。相手の盲点が分析によって明らかになっているから計画作成は単純明快だ。できれば当人に計画を作ってもらうといいが、任せきりではいけない。マネジャーとして自分でも計画を考える必要がある。相手の状況の中で実行可能な計画でなくてはならない。計画に組み込まれた想定は間違っていないだろうか。

計画はこれまでのパターンに介入するものである。この介入によって当人は行動をとり始めるだろうか。もしそうならそれでいい。もし行動しないようなら、まだ作業が残っている。

もし当人がこれまでの駄目なパターンを変えるアプローチを見出せないときは、マネジャーのあなたが提案するのもいい。当人が自分で計画を考えるほうがいいのだが、それで不十分な場合はマネジャーの提案が役に立つかもしれない。あなたが計画を作成した場合、当人はきちんと理解できるだろうか。自分の計画として受け取って実行できるだろうか。

ステップ2では、当人の盲点が明らかになり、計画を考えるのが簡単であることも多い。しかしここで重要なのは、当人が自分の現実を客観的に直視するということだ。これは簡単とは限らない。失敗をした当人がそれを状況のせいにして何とかこの場をやり過ごそうとしたりしないように気をつけなくてはならない。

「はい、でも(Yes,But)」ゲーム

「はい、でも」ゲームをご存じだろうか。人のコミュニケーションの中で無意識に行われている「心理ゲーム」で、交流分析(TA)という研究で取り上げられている。誰かが問題を提示すると、会話相手が解決案を提示する。すると問題を提示した人が解決案に駄目出しして、会話相手は別の解決案を提示する。これがずっと続き、最終的に会話相手が諦めて「どうしようもないね」と言って終わる。

行動計画作成の際にうっかり「はい、でも」ゲームをやらないようにしたい。

「もっときちんとスケジュールを立てて作業が集中しないようにしたらどう?」

「はい、でも、それはできません。いつ他の仕事が来るかわからないので」

「それなら、仕事を頼んでくる人たちに連絡して、早めに教えてもらえるようにお願いしたらどう?」

「はい、でも、それはできません。その人たちもぎりぎりで仕事を引き受けていますから」

「じゃあ、悪いタイミングでやってくる仕事もあるということを勘定に入れて、それなりの計画を立ててみてはどう?」

「それは素晴らしい提案なのですが、今もう私の仕事はパンパンになっていて、これ以上何かを突っ込むことはできないんです。どんなにプランニングをしても、どうせまた変えられてしまうので」


……という具合に続いていく。

このゲームには終止符を打って無駄な抵抗を終わらせなくてはならない。


「私が何かを提案してもあなたは必ず理由を見つけてうまくいかないと言うね。だとすると、結局あなたは事態を改善する方法を見つけなくてはならないのだから、実行可能な計画を自分で考えて、それを実行してもらうしかないね」

この最後のひと言は、ＭＭＯＴの中の小さなＭＭＯＴである。相手の抵抗の形態を指摘し、責任ある行動が必要だと促している。マネジャーのあなたは部下を手助けするために時間を使っているが、部下の問題を解決してやることはマネジャーの仕事ではない。仕事の責任を負うということは、成果を上げることを**自ら見届けなくてはならない**。それが責任の意味である。

実行可能な計画

現実を認め、プロセスを分析し、どうしたらうまくいくかについて考察した。一連の発見から明確な計画を作成していくことができる。この計画はMMOTの当人によって書き留められなくてはならない。

「では、今後はどのくらい時間がかかるかを見積もると同時に、自分の仕事の全体像を把握して、現実的な計画を立てる、ということでいいかな?」

「はい」

「よし。じゃあ金曜日までにこの内容をまとめてメールで送ってくれるかな。今までのパターンと、それをどう変えていくか、今日の話の確認として」

「わかりました」

このメールによって話し合ったことが記録され、確認できる。また、当人がMMOTの内容をどれだけ正確に理解しているかも確認できる。もし的外れなことがあったら訂正できる。その場合、どんな意図があったのかを改めて伝えるチャンスになる。また、マネジャーとして、状況を改善することへのあなたの決意を伝えるチャンスにもなる。

これらはすべて当人の仕事のパフォーマンスを向上することをサポートするための営みである。

ステップ4：フィードバックシステムを構築する

これだけしっかりと話をしたのだから、これで改善するはずだ、と油断してしまうのがよくある大きな間違いだ。優れた行動計画を策定したつもりでも、実際に効果を上げるためには実行してみて調整したり支援したりする必要がある。フォローアップのメールを送ってもらうのは一案だが、もっとサポートが必要なことが多い。フィードバックシステムを作り、当人が実行している際にリアルタイムで調整を入れることができるようにする必要がある。

「これからの進捗を測るためにフィードバックシステムが必要になる。次の仕事のスケジュールができたら声をかけてほしい。そうすれば私がサポートしてやることができるから」

「わかりました」

「来週明けすぐに来てもらえるかな。それまでにプランニングをしておける？」

「はい、大丈夫です」

この例では、次の1回のミーティングをスケジュールしている。しかし5週間の仕事であれば複数回のチェックが必要になるだろう。通常、進捗を手早く確認する。マネジャーから的確な提案があれば成功の確率が高まる。上司と部下の両者で力を合わせて仕事をする方法を学ぶのである。マネジャーのあなたは部下の強みと弱みを把握し、必要な助力を行うことができる。うまくいけばMMOTは当人の仕事の仕方に変化をもたらし、その後はいちいち面倒を見なくても済むようになる。当初はずいぶん時間がかかるように思えても、結果的に仕事のパフォーマンスを改善するチャンスが高くなる。きちんとフォローしておけば、同じことの繰り返しになることは少ない。

ステップ4の重要性は見落としやすい。優れた指導プロセスにはこの最後のステップが不可欠だ。マネジャーとして私たちは、部下の力を高いレベルにまで向上させることで自分の責任に集中したい、と考えるものである。しかし一流のリーダーにとって部下の優れた仕事ぶりを継続的に向上させることよりも重要な「責任」など存在しない。優れたバスケットボールコーチの仕事は、ゲームの技術や戦術などではなく、チームが最高のプレイをできるように力を伸ばすことにこそある。同じように、偉大なリーダーたちは毎日自分の組織で働く人たちを観察しては即座に必要な助言を与え、人の力を育てている。特に幹部クラスのリーダーシップに求められるのは、他者の力を通じて組織の目的を実現することだ。人が仕事のスキルを身につけて、優れた成果を上げていくことを支援し、鼓舞することは、幹部クラスのリーダーシップの核心である。そのプロセスにおいて効果的なフィードバックを提供することが鍵となる。

また、フィードバックというのは単発で終わる出来事ではない。アリストテレスの呼ぶところの**「習慣」**という名の実践である。アリストテレスは習慣と気質を区別して、「習慣は気質と違って長続きするもので、しっかり定着したものだ」と記述している。道徳的な美徳さえもアリストテレスに言わせれば習慣だという。習慣がしっかり定着すれば「簡単に置き換えられることはない」からである。そういう「習慣」は表面的な行動特性などではなく、私たちが世界でどう生きていくかを決定づける基礎となるものだというのである。

同じように、優れたリーダーシップには深く埋め込まれたフィードバックの習慣が不可欠だ。アリストテレスの言う習慣のように、フィードバックすることは「しっかり定着した」リーダーシップの実践である。そして人生の他の領域でも新しい習慣を身につけることができるように、学習する組織の基礎にはフィードバックの習慣を定着させることができる。学習する組織は継続的なフィードバックを行うことで、うまくいっていることを支援し、直す必要があることを直し、それをリアルタイムにオープンで率直な形で行うのである。フィードバックをすぐにやりとりして必要な改善や変革を導入することは、一貫して優れた成果を上げる組織のために必須のリーダーシップ要素である。

ＭＭＯＴは単なるテクニックではない

ＭＭＯＴは以上の４つのステップで完了する。「何が起こったのか」「どういうふうにしてそれが起こったのか」「次からどうしたらいいのか」。そして、「新しい計画がうまくいっていることをどうやって確かめるのか」である。

しかし、ＭＭＯＴの学びは単にふるまいを変えるだけで終わるものではない。私たちは指導育成《メンタリング》が機能する信頼関係を構築しているのである。言葉よりも行動によって真意が伝わるのだ。「真実を伝えることはできる。真実を語っていい。ともに学ぶこと、それが私たちの仕事に含まれる。プロとして成長していくこと、それがプロフェッショナリズムの一面だ。必要なことは変えることができる。組織には学習の余地があり、思わしくないことは効果的に扱うことができる」ということが伝わるのである。

さらに、ＭＭＯＴによってフェアなゲームが可能になる。成功も失敗も各自の努力の成果に基づいて決まるのである。エンパワーメントの重要性が叫ばれて久しいが、一人ひとりに力を与えてくれる真実ほど強力なエンパワーメントは存在しない。企業経営が政治によって支配される組織でフェアなゲームは不可能だ。ミスがあっても見過ごされる組織でフェアプレイなど不可能だ。仕事のできる人間にすべてのしわ寄せが行き、それ以外の人間が無視される組織でフェアプレイなど不可能だ。

ＭＭＯＴは単なるテクニックではない。組織でいかに働くかの指針であり、前向きで希望と学びに満ち、将来を約束するものだ。ＭＭＯＴによって働く人は仕事に打ち込み、首尾一貫して仕事のパフォーマンスが向上し、それぞれがプロとして成長していく。これほど優れたアプローチがあるだろうか。

さて、ＭＭＯＴの４つのステップを紹介した今、実際の組織でどんな仕事のパターンがあるか、具体的に見ていこう。

第2章

仕事のパターンをどうやって認識し、変えるのか

第1章で見たように、正念場は二段階から成り立っている。期待と実態にずれがあるという「気づき」と、そのずれを扱うかどうかの「決断」である。扱うと決めたとしたら、何を達成しようとしているのだろうか。

ここで典型的な答えは、パフォーマンス問題を解決するため、というものだ。

問題解決

マネジャーの中には自分は問題解決のプロだと自負する人たちが多いが、実は問題解決アプローチには本質的な欠陥がある。私たちが問題解決に取り組むとき、そのフォーカスは望ましくないもの、つまり「問題」である。そして解決策は望ましくない問題をなくすことだ。

問題を解決したら、問題はなくなる。**しかし私たちが本当に望むものを手にしているとは限らない**。問題解決型のマネジメントでは私たちは創り出したい成果を創り出すことにではなく、嫌なものをなくすことを仕事にしてしまう。

ＭＭＯＴの正念場はたいていパフォーマンス上の問題からスタートするので、これは問題を見つけて解決するプロセスだと思い込むのも無理はない。

もちろんよくない仕事のパターンは変えたいに決まっている。しかし私たちはそこで終わるわけにはいかないのだ。

「望まないこと」ではなく「望むこと」にフォーカスを移したら、ＭＭＯＴの介入によってどんな結果を実現したいのかが明確になる。たとえば次のようなことだ。

- 素晴らしい仕事のパフォーマンス
- 仕事をやり抜く有能さ
- 主体的に動くこと
- 学んで成長する力
- チームワーク
- チームにおける貴重な戦力
- いつでも頼れるプロフェッショナル

- 他のチームメンバーのお手本となる存在

この一覧は野心的すぎるだろうか。それとも常にこういう人たちと一緒に働きたいだろうか。私たちは、同僚や部下に不満があっても、彼らと一緒に働くしかない、彼らが変わることもない、と諦めてしまうことが多い。しかも、いつだってあまりにも忙しすぎて、自分の仕事で手一杯だ、ありあわせの人材で何とかするほかない、だから何とかして結果を出すやり方をひねり出すしかない、と考えてしまう。

このやり方はチームの戦力が不足していることを穴埋めしようとするものだ。その背後にあるのは次のような考えである。

- 時間が限られている。
- 人は変わらない。もし変わるとしても時間がかかりすぎる。
- 自分に与えられた制約の中で、何とか仕事を間に合わせなければならない。

この考えの中には正しいものもありうるが、すべてが正しいわけではない。一つひとつ見ていこう。

時間が限られている

時間が限られているのは事実だが、その時間をどう使うかが重要だ。忙しいマネジャーの時間は短い細切れで過ぎ去っていくことが多い。会議に次ぐ会議、報告を書いたり読んだり、プロジェクトの進捗確認、意思決定の連続。そして組織の階層が薄くなり、直属の部下の数が激増している。短い時間で目の前の状況に集中しがちなのも無理はない。

目先の仕事ばかりが増え、長い目で計画することが減る。一歩ひいてプロセス全体を組み直したいと思っても、それ自体に時間をかけられなくなっている。

いったいこの状態をいつまで続けていられるのだろうか。マネジャーの多くはとうの昔に壁にぶち当たり、毎日いらいらして、ストレスを抱え、出口のない状態で過ごしている。企業が成功すればするほどマネジャーへのプレッシャーが増し、少ない人手で多くの仕事を任されるようになる。プロとしての責任を果たそうと思うと、どんどん大変になっていく。

ではここで考えてほしい。戦力を伸ばすために必要な時間を費やさないという選択肢はあるのかどうか。そのまま続けていけば、どんどん苦しくなる一方なのである。つまり、将来のための種を蒔く必要があるのだ。

もしパフォーマンスの不調をきちんと取り上げて扱えば、それは今後の戦力を増強する役に立つ。もちろん時間がかかるが、時間は作らなくてはならない。時間をかければ事態は好転する。

これは投資である。MMOTとは人材投資なのだ。あなたのチームを将来どういう状態にしたいか考えてみてほしい。今のチームがどういう状態かを見てほしい。そして時間をかけて今の状態を将来の状態に持っていくと決断するのだ。

人は変わらない。もし変わるとしても時間がかかりすぎる

デジタルに考えれば可能性は次の通りである。

- あなたのチームは変われる。
- あなたのチームは変われない。

そして変われるとすれば、

- 許容できる時間内に変われる。
- 許容できる時間内に変われない。

これですべての可能性だ。もし事態を放置すれば、仕事のできないメンバーは変わらず、改善することも成長することも学習することもスピードを上げることもないだろう。

ではその人が「チャンスさえあれば許容できる時間内に変われる人間」だとわかるのだろうか。

わからないことが多い。この人は駄目だと匙《さじ》を投げた人間が、ＭＭＯＴのプロセスを経て生まれ変わるということもたびたびある。

ただし、仕事のできないマネジャーのために時間を投資することは、あなたにとってリスクを伴う。なにしろあなたは高い質の仕事を時間内・予算内に完了することで自分の評価を確立してきたのである。ここで仕事のできない人間に仕事を任せてしまうと、いくら綿密に指導したところでうまくいく保証はない。失敗すれば自分の評価を落としてしまいかねない。ジレンマである。新人に仕事を任せて育成するのか、自分（または他の誰か仕事のできる人間）がしわ寄せを受けて働くのか、である。

しかし、よくよく考えれば、このジレンマはおかしい。あなたが夜遅くまで残業して仕事をしているときに、仕事のできない人間がパソコンでゲームをして時間をつぶしているなんていうのは理不尽そのものだ。ＭＭＯＴなどの方法を使って彼らに仕事のやり方を変えてもらうか、そうでなければ配置転換するかしかない。配置転換は難しく、成功の保証もない。だから時間をかけてでも彼らの課題状況を扱って優れたマネジャーになってもらうほうがいい。うまくいく保証はないが、少なくとも彼らにチャンスを与えることになる。そしてうまくいけば、あなたの指導によって駄目な社員が優秀な社員へと生まれ変わるのを目撃することができる。

こんなに有意義なことがあるだろうか。

もしMMOTを使っても許容時間内に改善できなかったときは、仕事の要件とその人の能力とがマッチしていないことが明らかになる。もしそれが事実なら、マネジャーとしてその人の職を解かなくてはならない。MMOTを使うことから、公正で前向きで明快なプロセスによってそうした選択を生み出すことができる。著者の経験だと10%ほどがそれに当たる。90%は許容時間内に十分改善し、ときには非常に優れた状態に達することも多い。あなたの組織で実施したらどんな比率になるかは実施してみないとわからない。しかしマネジャーが想定した以上の比率の人材が優れた社員に生まれ変わることが多い。

「仕事のできない人が変わることはない」と決めつけるのは現実をゆがめている。MMOTを組織に導入すると、誰もが向上するチャンスを獲得できる。一人ひとりがプロとしてのキャリアをやり直すチャンスを与えられるのである。

本当のところ、誰だってできれば組織の仕事にもっと関わりたいと思っている。重要な役割を果たして成果を上げ、自分が大成するために必要な努力をしたいと思っている。

これを裏返すと、隅っこに追いやられ、行き場を失い、重要な役割から遠ざけられたい人はいない。そういう扱いを受ければ、苛立ち、失望し、ないがしろにされていると感じるものだ。

誰もが仕事に打ち込みたい衝動を持っているが、自分の仕事のパターンを変える方法を知らない人が多い。自分の盲点によって見えなくなっている自分のパターンを、自分自身で見つけるのは難しい。だからこそマネジャーに指導してもらえる関係性が大切なのである。ＭＭＯＴを通して上司も部下も今までのパターンを乗り越えてもっともっと高いレベルの仕事の成果を上げることが可能になる。

自分に与えられた制約の中で、何とか仕事を間に合わせなければならない

この考えは間違いなく正しい。ただし、これは今だけでなく将来もずっとそうだということを忘れないでほしい。もし目先の要求に振り回されて駄目なプロセスを放置すれば、将来の戦力は今と変わらないか、もっと悪くなってしまうだろう。人を育成するのはマネジャーの仕事だ。それによって戦力を増強するからである。

もちろんいつだって制約の中で仕事をしている。ここで大切なのは、その制約の性質を変えることができるか、である。同じ条件下でもっと達成しようとして制約を感じていることが多い。ＭＭＯＴでは仕事の条件を変えることによって不要な制約を減らしていくことになる。

たとえば、ひとつの制約は優秀な人材の戦力である。仕事ができる人にばかり仕事を任せていれば、どんどん彼らの負荷が高まっていく。自分たちばかりが大半の仕事を引き受けているということを彼ら自身が承知している。それはフェアではない。なぜマネジャーが事態を何とかしないのか、部下は理解できない。あなたが事態を放置すればするほどあなたのリーダーシップへの信頼は失われ、優秀な人材ほど燃え尽きていく。

優秀な人材の燃え尽き症候群は、MMOTが扱う課題のひとつにすぎない。私たちはリーダーとして優秀な人材を大切にしている。彼らはたいてい、放っておいても成果を上げてくれる。しかし、サポートしてやる必要があるときはどうだろうか。うっかりすると放置してしまうことがある。なにしろ優秀な人間は95％の場合うまくやっているのだから。しかし注意を要する状況を放置したら、もともと頼り甲斐のある人間の仕事すら信頼できなくなるリスクを生んでしまう。

ここまで言っても、優秀な人間にきちんとMMOTを行うことの重要性は明白でないかもしれない。仕事のできる人間に過剰な介入をしたら、彼らは上司のお節介を嫌い、別の会社に転職してしまうのではないか、と考えるマネジャーも多い。

実際には、真実を大切にする組織風土を培いたいならば、手をこまねいているわけにはいかない。**風土を変えるには、首尾一貫してあらゆる状況に対して公平にMMOTを実施する必要がある**。駄目な仕事には駄目出しして改善のための努力を惜しまないことだ。そうすれば、率直さが一番大切であり、優秀な人材だからといって甘く接したりすることもない、ということを誰もが理解するようになる。組織が偉大であろうとする決意が伝わる。

また、優秀な人材は自分自身に厳しく、振るわない仕事について自己批判をしていることも多い。しかし自分だけで改善することは難しいものだ。タイガー・ウッズ、ウィリアムズ姉妹、アンドレ・アガシ、マイケル・ジョーダンなどの偉大なアスリートたちも、スランプに陥ればコーチに助けを求めてきた。自分の映像を見て分析してはひたすら練習に励む。これは経営においても同じことである。あるチームでうまくいったことが今はうまくいかないかもしれない。何を変えるのか、どう変えるのかを知りたいはずである。MMOTを適切に使うことによって、そういう優秀な人材を失うことにはならない。むしろ逆だ。組織が一貫して率直さと改善を要求することによって、優秀な人材との距離は縮まるのである。

長続きする本物の変化

たいていのマネジャーは仕事のできない部下のパフォーマンスを変えようとしたことがある。すると、こんなパターンが起こる。指導した直後に少しだけよくなる→踊り場になる→元の駄目な状況に戻る。

これは典型的な揺り戻しパターンだ。もしあなたの経験が揺り戻しパターンの連続だったなら、もう駄目な部下を変えようなどということは諦めるのが当然である。

揺り戻しパターンが起こるのには理由がある。最も多いのがモチベーションに関係する理由だ。

葛藤への反応

葛藤に反応することで人を変えようとするのが最も古典的な方法である。まず葛藤の感覚が

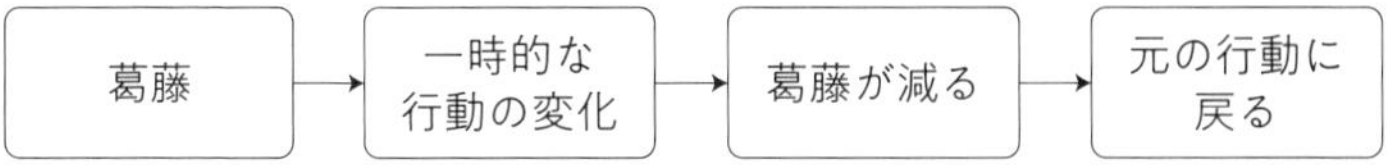

あり、それによって何とか直そうという行動が生まれる。

具体例をあげよう。

私たちは、車検や納税などの期限が迫ってくるとプレッシャーを感じ、これをやらなかったら大変なことになる、と考えて無理やり行動をとる。短期の出来事であれば、これでうまくいくように見える。しかし長期の変化にこれをやると、揺り戻しパターンになる。

葛藤を引き金にして、葛藤を減らすための行動が起こる。行動が起こると、葛藤が減る。状況は変わっていない。たとえば、テレビで糖尿病の蔓延について知り、炭水化物の摂取を控えようと決める。1週間も経つと気分がよくなる。もう当初の葛藤を感じていない。すると元の食習慣に戻り、炭水化物を摂取し始める。このパターンは、いつも元通りの状況に戻っていく。

このパターンを図示するとこうなる。

葛藤があればあるほど行動は増え、そして葛藤が減り、葛藤を減らすための行動のモチベーションも減り、元の行動に戻る。

この構造は自滅的である。マネジャーのあなたがよかれと思って優れた助言をしても、当人は葛藤を感じて反応しているだけで、一時的によくなっても、しばらくすると元の行動に戻っていく。

例をあげてみよう。

直属の部下を呼んでミーティングを始め、部下の仕事のパフォーマンス上の課題を指摘する。前回のミーティングで5％のコスト削減を行うことに同意していたはずだ。コストが削減されていないばかりか、2％増加している。部下は目標を達成していないことを恥じ、落胆している。この時点で、実現したい成果ではなく、部下の感じている葛藤が次の行動のモチベーションとなっている。

このように、上司がよかれと思って知らぬ間に揺り戻しパターンに火をつけてしまうことが多い。結果はいつも同じだ。一時的に変化が起こり、また元の行動に戻る。これは物理的な現象である。

常に危機をあおるマネジャー

不安を掻き立てて仕事をさせるマネジャーを私たちは誰でも見たことがあるだろう。大変な危機が訪れると予告して部隊を脅しで動かそうとするタイプだ。最初はうまくいくように見える。皆が真に受けて一生懸命働く。しかし危機を乗り越えるとまた新しい危機が訪れる。やがて誰もがこの繰り返しに気づき、マネジャーの脅しに応じなくなる。するとマネジャーは危機の度合いを増大してあおることで何とか皆を動かそうとする。本当にオオカミがやってくるのでもなければ「オオカミが来る！」と叫んでもやがて無視されるようになる。

このタイプのマネジャーは戦力を培うことができない。葛藤操作によるマネジメントをすれば、働く人たちは警戒心を抱き、受け身になり、主観的になる。思慮深く、主体的で、客観的になることはない。葛藤操作は現実を歪曲してしまう。だから真実を伝え合う場《プラットフォーム》にはならない。

もちろん現実には扱うべき危機が存在する。しかし次から次へと架空の危機の可能性が語られれば、それはプランニングがおかしいと気づくだろう。

感情的な葛藤

ＭＭＯＴをやるとき、受け手の当人が感情的葛藤を経験するかもしれないことは理解できる。それは承知のうえで実施することだ。では、相手が受け身の感情的な反応を脱して、前向きに学んで成長するように手助けするにはどうしたらいいのか。

ひとつは、私たちがマネジャーとしてどんな目的をもって臨むのかをはっきりさせることだ。どんな結果を実現したいのか。何が目標なのか。

問題解決の考え方《フレーム》を離れ、成果実現の考え方になれば、目標は明らかになる。**優秀な人材が素晴らしい成果を上げる**、ということだ。この目標がＭＭＯＴプロセスの中心にある。

ＭＭＯＴをやるとき、何が目標とする成果なのかをはっきりと念頭に置く必要がある。４つのステップを踏みつつ、相手から最高の力を引き出すことが目的だということをはっきり認識しておくことだ。
ＭＭＯＴの展開は時間とともに変化していく。

- 短期展開……感情的な葛藤に反応して新しい行動をとるようになる。
- 長期展開……ＭＭＯＴによって助けられ、プロとして成長できると実感するようになる。

短期的には状況への反応であっても、長期的には自分の目指す目標に向かうようになり、変化が定着するのである。ただ問題をどうにかしようとするだけではこの変化は起こらない。問題ではなく、目標とする成果に焦点を当てることによって、学習やスキルの習得、マネジャーとして成長することに向かうことができるようになる。

過去の体験

経験のあるマネジャーが正念場をやり過ごしてしまう理由のひとつは、過去に努力しても長続きする本物の変化に至らず、揺り戻しパターンに戻ってしまうからである。もうひとつの理由は、部下と対立して葛藤を生むのを嫌うことである。マネジャー自身が葛藤を嫌うため、部下と向き合うことを避けてしまうのだ。

第１章で見たように、これは価値の対立である。部下に真実を伝えることと、自分の不快な気分を避けることのどちらがより重要なのだろうか。これが価値の対立であることを理解せずに、多くのマネジャーがこのふたつの価値のあいだで様子見をしているのである。

ふたつの価値のどちらかを取らねばならない状況において、この種の日和見はうまくいかない。どっちつかずの態度でいれば、揺り戻しパターンに陥ってしまう。部下に伝えようとするが、葛藤が嫌なのであやふやな伝え方しかせず、部下は上司が何を言っているのか理解できない。

ここで自分がマネジャーとしてどんな結果を実現しようとしているのかを明確に自覚することが大切だ。つまり、**組織の戦力を増強し、自分のチームを高いレベルに持ち上げること**である。そうなれば、居心地の悪さを避けることよりも、真実を伝えることのほうがより高い価値として確立されることになる。

全体の戦略

全体の戦略としては、本格的な対決が必要となる前に、早めの介入をすることがポイントである。もちろん、いつもそれができるとは限らない。これまでのやり方の結果である今の現実からスタートしていなくてはならない。組織の状況によっては大幅な介入が必要なこともある。そして小さな介入はいつでも可能である。MMOTの介入が将来の収穫に向けた種まきになるのだ。

前述のように、忙しいマネジャーは仕事上のわずかな不備はやり過ごしてしまいがちである。いつだってもっと大事な仕事があり、期待と実態の差はわざわざ取り沙汰するほど大きくないと思うからだ。

「やり過ごされるということは、このレベルの仕事で十分だ」と部下は考える。上司から何の駄目出しもないのだから、そう考えても無理はないだろう。せっかくの「正念場」はやり過ごされ、うっかり部下に伝わってしまったメッセージは「よくできた」である。

期待と実態のあいだの小さな差を扱い始めると、ＭＭＯＴのテクニックは簡単で素早く使える。早めに小さなＭＭＯＴをやれば、人の働き方は劇的に変わる。当人はすぐに現実を理解し、改善を始める。大きなミスではないので、大きな感情的葛藤を感じることもない。

ＭＭＯＴを社員教育のツールと考えたら、チームの仕事のパフォーマンスを着実に上げることができる。現実を俎上に載せて真実を伝え合い、必要な調整を図ることができる。仕事が少し軌道を外れたら、その瞬間を活かして仕事のやり方を調整することができる。誰もが積極的に仕事のできを自ら評価するようになる。どうやって自分自身の仕事のパフォーマンスをもっと上げられるかと自主的に考え始めるようになる。高いパフォーマンスを上げるという明確な目的意識を自覚すると、プロとしての成長に弾みがつくようになる。

首尾一貫して真実を伝える

さて、ずっと上司から高い評価を受け続けていたのに、ある日突然悪い評価を受けて驚くということがある。これは決して珍しい出来事ではない。その人は突然仕事ができなくなったのだろうか。そうではない。その人の仕事のパフォーマンスはずっと変わっていない。なぜ上司の評価が突然下がったのか理解できずに戸惑う部下は少なくない。


「あれ、私はちゃんとやってましたよね？」

「いや、2か月前にもプロジェクトのふたつが遅れていることを指摘したと思うが……」

「ええ、それはそうですが、他の仕事は全部間に合わせてますよね」

「プロジェクトがどうなっているか、指摘した通りだよ」

「いやいや、そんなにはっきりと伝えてもらっていませんよ。それに、こんなに低い評価になるなんて寝耳に水です」


こういうパターンを見ると、真実を伝えていなかったことのつけが回っていることがわかる。部下は正確なフィードバックをもらっていなかったので、必要な調整をかけるチャンスがなかったのだ。マネジャーが教えなかったら部下はどうやってわかるというのだろうか。正確なフィードバックを提供しなかったら、部下はどうやって改善できるというのだろうか。

初めのうち、上司は高を括っていたのである。そのうち直るだろうと放置するのだが、フィードバックがなければ直らない。そして、まるで水責めのように、少しずつ少しずつ水滴が落ちてきて、とても耐えられないレベルになっていく。気づいたときには、些細な不備ではなく、大きな問題になってしまう。

上司が最初から率直に真実を告げていたならこんなことは起こらず、部下は自分の仕事のレベルを把握していたはずだ。部下の立場からしたら、ずっと満足な仕事を続けていたのに、突然アンフェアな評価を下されたのである。そうなると上司と部下のあいだの信頼関係は崩れ、部下が上司の指導を受け入れることは難しくなる。

MMOTでは首尾一貫して真実を伝える必要がある。楽器の演奏やスポーツを習うのと同じように、スキルを習得するまでのあいだ、定期的に調整を入れていかなくてはならない。

メンターシップ(指導関係)

経営者はよくこんなふうに考える。高い給料を払って雇ってるんだから、放っといてもちゃんと仕事してくれないと困るよ、と。これは一理ある素朴な疑問である。しかし現実を見ていないのだ。一流のプロフェッショナルであっても指示を必要とするのである。誰がやってもうまくいかない場合はある。そういうときにうまくいかないことを使って学習経験にするといいのだ。また、それを単独でやるよりも、力を合わせて作業したほうがいい。組織の中の誰かが自分の力を最大限引き出す手助けをしてくれるといいのである。

誰の指示も支援も要らないほど自己完結している人間はいない。目標、役割、規範、ルール、指針などを明確に知りたいこともある。自分の能力をはるかに上回る大きな目標に直面して、力を伸ばす必要を感じることもある。自分の身の振り方、状況の見立て方、リーダーシップの発揮の仕方などについて、お手本が欲しいこともある。自分が素晴らしい成果を上げたときに「よくやった」と認めてほしいこともある。

組織における「メンター」という言葉を聞くようになって久しいが、たいていの人はメンター関係というと経験を重ねた年配のベテランと将来有望な新人の組み合わせだと思っている。多くの組織において、メンターがいるのは若手のスーパースターだけで、他の人は自分で自分の面倒を見るものと思われている。

メンターをもっと広い意味で理解することもできるし、そのほうが役に立つ。誰でも他の人のメンター役になれるということだ。もちろん経験豊かな人から学ぶことはできる。しかし経験の浅い人から学ぶこともできる。経験がない人は先入観もないので、新鮮な質問をしてくれるのだ。メンターは組織の中の上にも下にも横にも見つけることができる。

プロフェッショナルとは学び続ける存在である。歴史上の偉人の伝記を読めば、彼らが常に学び続けていることがわかる。すでにその領域を極めている人が、常に新たに学び、考察し、熟考している。

組織における変化のスピードはこれまでになく速い。過去の成功体験にすがって仕事をしていくだけではとても足りない。ひとつの職業を極めたらそれだけで一生の仕事ができる、などという大昔のやり方は今の時代には不可能だ。グローバル経済変動、技術革新、市場の大変動など、予想外の変化が組織人を襲い、仕事のルールを覆していく。学び続けることこそが組織における最も決定的な競争優位となっている。

しかし、学習というのは抽象的なお題目ではないし、企業が学習する組織になると宣言したところで自動的にそうなるわけでもない。学習は、個人レベルでも組織レベルでも、**人々が学ぶという事実**によって起こるのだ。

あなたの組織が使命を果たすには、組織学習プロセス全体におけるあなたのメンターとしての役割が必要不可欠だ。ブルーシールド社においては、メンターシップがリーダーシップの原則のひとつである。リーダーはすなわちメンターでなくてはならない。この原則の知恵を理解しているのはブルーシールド社だけではない。

偉大なリーダーは同時に偉大なメンターである。偉大さは、組織の中に相当な学習を組み込まなければ可能にならない。メンターシップは、世界の現実の中で実際の仕事を通して行う学習が基礎になっており、メンターシップこそが学習を直接実現する道だ。したがって、メンターシップは実践的で、的を射ており、即時性があり、重要で、率直なものである。すべてMMOTが推進する要素に他ならない。

仕事のパターン

仕事のパフォーマンスの全体像を一歩ひいて見ると、そこには一貫したパターンがあることがわかる。このパターンは気づきの宝庫であり、しっかり吟味するといい。成功パターンからだけでなく、不成功パターンからも学ぶことができる。

パターン認識にはテストがふたつある。**予測可能性**と、**介入可能性**だ。

まずパターンを認識できたら、同じ条件下の動きを予測することができる。仕事をする人たちは驚くほど同じパターンで働いている。仕事の状況に対して同じ考え方でアプローチしているためだ。

私たちが仕事のできる人間に次々と大事な仕事を任せるのは、まさに仕事のできる人間が成功パターンで仕事をしていることを知っているからに他ならない。ただし、それを続けていたら優秀な人材を燃え尽きさせ、他の人材は成長しないことは前述の通りだ。

MMOTを使えばパターンをもっと有効活用することができる。意思決定、思い込み・想定、行動のパターンの分析を助けるからである。どういう因果関係で特定の結果になったのかを分析したあとは「パターン介入」に進むことができる。MMOTのステップ3では新しい行動計画を創り出し、ステップ4では新しいパターンを定着させることを目標としている。

仕事のパフォーマンス課題は、慢性的か例外的かのどちらかだ。いつものパターンか、あるいは異変である。どちらのケースにも学習のチャンスがある。慢性的な悪いパターンを見つけたら、慢性的ないいパターンに変えられる可能性がある。突発的な異変からも普遍的な原則を学ぶことができる。ＭＭＯＴを活用することによってパターンは変わっていき、もっと成功するパターンになっていく。時間をかけて人材教育を続けていくと、人はもっとプロフェッショナルになり、有能になり、強く優れた学習者になっていくのである。

第3章 チームのＭＭＯＴ――ケーススタディ①

ＭＭＯＴのテクニックは、個人だけでなくチームにおいても効果的である。

次の例は、ブルーシールド社の実際のチームマネジャーであるトリッシュのケースである。

トリッシュは腕利きのマネジャーで、ＭＭＯＴのトレーニングを受けた直後である。

彼女は週の定例会議の最中に、自分のチームが期限に遅れていると知った。そこでＭＭＯＴを使ってチームにパターンを認識させ、それを変える手助けを行った。

チームのメンバーは、マーケティング部のフランクとジャン、営業のジョンとカールである。以下は会議の様子をトリッシュが再現したものである。

トリッシュ　「マーケティング資料の期限は今日ね。どうなっている？」

これを聞いたメンバーたちは途端にうつむき、トリッシュと目を合わせないようにしたり、互いの顔を見合わせたりした。しばらく気まずい沈黙があって、とうとうトリッシュがこう言った。

トリッシュ　「誰か？」
フランク　「ええと……少し遅れてます」
トリッシュ　「どのくらい？」
ジャン　「3日くらいです」
トリッシュ　「どうして？」
フランク　「関係者全員の完全なレビューが間に合いませんでした」
トリッシュ　「そうなの？」
フランク　「ええ」
トリッシュ　「期限までに間に合わせると言ったわよね。つまり今日」
ジャン　「いろいろありますから」
トリッシュ　「期限に間に合わせると言ったら、間に合わせる必要があるわ。これを待ってる人たちがいるんだから」
フランク　「そうですが、全員からコメントを送ってもらうのが間に合わないこともあります」

トリッシュ　「資料のレビュー、つまり読んでもらうという話よね？」

フランク　「皆に無理強いするわけにもいかないですから」

トリッシュは、現実を認識するステップ1を完了していないと気づき、そこに戻ることにした。

ステップ1：チームで現実を認識する

トリッシュ　「わかったわ、ちょっと待って。どういうわけでそうなったかの話に入る前に、マーケティング資料は今日までの期限で、作業が3日遅れだということで全員合意してる？」

フランク　「みんな何とかしようと努力してます」

トリッシュ　「現実認識が合っているかをただ確認してるの。今日が期限ということで合ってる？」

全員　「はい」

トリッシュ　「3日遅れということで合ってる？」

ジャン　「はい」

トリッシュ　「全員一致？」
全員　「はい、そうです」

当初フランクが間に合わせるためにどれだけ頑張っていたかを説明しようとしたが、トリッシュは現実認識を確立する必要があるとわかっていた。そこで今日が期限であることを全員に確認し、チームは3日遅れである現実を認識した。放っておくとメンバーは次々と別の話をし始めることに注意してほしい。これはたいていのチームでよくあることだ。しかしトリッシュはチームが脱線しないように留意し、皆が同じトピックに集中するようにしていた。

ステップ2：チームで客観的に起こったことを分析する

トリッシュ　「よかった。それではどういうわけでこうなったのかを見つけ出しましょう。始める前に、客観的に状況を見ること。自分たちがどういうふうに考えて、どんな思い込みがあって、どんな行動をしたのかを理解すること。いいわね？」
全員　「ええ、もちろんです」

トリッシュは明確にフォーカスを定めた。何をやっているのかをはっきりさせたのだ。「見つけ出す」「客観的に」「状況を見る」「思い込み」「行動」「理解する」などという言葉を使っている。全員で何を探求していくのかを指し示しているのである。トリッシュは思考プロセスのガイド役を買って出ている。ステップ2に入る前に、何をやろうとしているのかを全員に理解させているのだ。

トリッシュ　「ではフランク、関係者の返事が間に合わなかったと言っていたわね。どの関係者に時間がかかったの？」

フランク　「営業の人たちです」

トリッシュ　「そう。営業の皆さんどう？」

カール　「レビューする必要があるとはわかってませんでしたよ」

フランク　「メールを送ってるよね？」

カール　「いや、見てないよ」

フランク　「どうして？」

カール　「出先だからね。メールは読めないよ」

フランク　「メールは読んでもらわないと……」

トリッシュ　「ちょっと待って。今は何が起こったかを分析しているの。それが終わったら今後どうするかを話し合いましょう」

チームが不安に思っているのを見てとったトリッシュは、お互いの責め合いにならないように気をつけている。フランクは、カールがきちんと応じていれば遅れを生じなかったと暗に語っている。カールは「状況の犠牲者」を演じている。フランクの言うことは正しいかもしれず、カールのせいで遅れたのかもしれない。そしてカールは実際に状況の犠牲者なのかもしれない。この言い争いからは何も生まれない。トリッシュは話を引き戻して分析に焦点を当てる。

トリッシュ　「いい、何が起こったのかを理解して学び、それを次に活かすことをやっているだけなの。じゃあフランクはメールを送ったのね?」
フランク　「はい」
トリッシュ　「でも届いてなかった?」
カール　「ええ、帰社したときには届いてましたが、もう間に合いませんでした」
トリッシュ　「フランク、カールに届いてないことはわかってたの?」
フランク　「いいえ、たった今初めて聞きました」
トリッシュ　「ということは、フランクの立場からはカールに知らせてたけど、実際には知らされていなかった。カールはメールを読んでなかったから。それで合ってるかしら?」

フランク　「はい」

トリッシュが見事に起こったことを把握していることに気づいてほしい。フランクとカールの双方の立場をしっかり理解したうえで、それぞれの立場から現実がどうだったかを明確に示している。そしてトリッシュは自分の描写が正確だったかどうかをふたりに確認している。この合意によってミーティングの雰囲気は変わる。トリッシュの介入によって誰もが状況を客観視し、現実を正確に理解できるようになっていく。警戒が解ければ解けるほど客観的な理解は進む。

トリッシュ　「いいわね。これはパターン？」
ジョン　「ええ、我々が出先で確実にメールを読むのは難しいんですよ」
カール　「読める場所もあれば、読めない場所もあります」
トリッシュ　「マーケティングのふたりはそれを知ってたの？」
ジャン　「いいえ、知りませんでしたよ」

トリッシュは、遅れにつながったと思われる要因のひとつを明らかにしてマーケティングのメンバーに示してみせた。営業メンバーにメールを読めない状況があることをマーケティングメンバーは知らなかった、という事実によって分析が進んだ。ここからのいくつかの質問によって、トリッシュは両者の責任を明らかにしていく。トリッシュによる現実の客観的な分析が続く。

トリッシュ　「営業のふたり、出先でメールが読めなかったとしても、マーケティング資料の期限が今日だということは承知してたわよね？」
カール　「はい」
トリッシュ　「ふたりの了解なしには資料を送れないということも承知してた？」
フランク　「いや、送ることはできますよ」
ジャン　「でも、そんなことをしたら営業が了解してないって話になりますよ」
トリッシュ　「全員が同じ現実を見ていることを確かめたいだけよ。今日が期限ということはわかっていたわよね？」
全員　「はい」
トリッシュ　「そして、マーケティングのメンバーは今日までの資料を用意しておく責任があったわよね？」
フランク　「ええ」
トリッシュ　「そして、カールはマーケティングのメンバーが今日までの期限で作業していたことを承知してたわね？」

カール「ええ、まあ、知ってましたが、忙しかったので」

トリッシュ「マーケティングに返事をする責任はあったの？」

カール「はい」

トリッシュ「忙しかったということは何の関係があるの？」

カール「ありません」

どうしても言い訳や釈明をしようとするメンバーの様子に注意してほしい。トリッシュは、チームが脱線しようとするたびにステップ1、すなわち現実認識に戻している。現実はこうである。営業メンバーは今日が期限だと承知していたが、それに合わせて行動することを怠っていた。カールは「忙しかった」という言い訳で責任逃れできるかのような発言をする。ここで典型的な上司は部下の責任を一方的に追求してしまいがちだ。ところがトリッシュはそうせず、カールの思考プロセスを確認し、カール自身が状況に抱いていた思い込みの間違いを悟るように導いている。トリッシュが質問することによってカールは自分の思い込みを明らかにし、それによってどんな判断をしていたかがはっきりとわかる。質問によってカール自身が現実を見ることを助けているのである。

トリッシュは、マーケティングメンバーに期限への責任があると確かめたうえでステップ1

に戻っている。フランクとジャンのあいだで交わされる興味深い会話が、マーケティングメンバーの苛立ちの原因を示唆している。フランクは、営業の了承がなくても物理的にマーケティング資料を提出できると発言したのに対し、ジャンは異を唱え、そんなことをしたら営業に叱られると言う。この会話をさらに突き詰めることもできたのだが、トリッシュはそれをせず、賢明なことにステップ1に会話を引き戻した。このように、一度確かめたステップにもう一度立ち戻ったほうがいい場合がある。トリッシュは会話を前進させつつも、必要があればいつでもひとつ前に戻って合意を確認している。そしてまたトリッシュは、次のステップ、計画作成へとチームをお膳立てしている。

トリッシュ　「ではふたつのことを見ていきましょう。どうやって今の事態に至ったか、そして次にどうするか、のふたつ。私の理解では、こうなったのはマーケティングが営業にタイムリーな返事を期待していたということ。そして営業は、メールを読めなかったから、期限のことや自分たちの承認が必要なことを承知していながら、それに応じなかったということからよね。現実がそうだったと言って正確かしら？」

全員　「はい」

ステップ3：チームで行動計画を創り出す

トリッシュ「いいわね。では次のステップに行くわ。ここまで何を学んでる？」
フランク「営業メンバーをもっと積極的にコントロールする必要があるということです」
トリッシュ「そうね、それはどういう意味？」
フランク「僕はカールにメールを送りましたが、それを彼が受け取っているかを確かめていませんでした。フォローしていなかったんです。だからお互いにどういう状況かを確かめる必要があります」
カール「そして僕はカレンダーを確認して、フランクが間に合うように返事をする必要があると確かめることができたはずでした」
トリッシュ「マーケティングのメンバーは、自分たちが営業のメンバーに何を求めているかをきちんとわかってもらう、そして営業のメンバーは自己管理をもっときちんとする、ということね」
全員「はい」
トリッシュ「いいわね。他には？」
ジャン「そうですね、スケジュールを共有しておいて、期限がどうなっているかを全員が見てとれるようにしておくことができます。ひとつの期限だけじゃなく、最終のドラフト、校正のプロセス、図表の挿入、印刷に出すタイミングなどが共有できるように」

カール　「それは助かる」

ジョン　「だよね」

トリッシュはこの提案を理解し、実際に皆が描写した状況で機能するのかどうかを検証していく。

トリッシュ　「営業のメンバーはどうなの？　外出しているとメールを読めないことも多い。営業電話で忙しい。事務所を留守にしている。そんな状態でスケジュール共有が可能なの？」

ジョン　「単純な話ですよ。締め切りがあるときは電話を入れて確認したらいいんです」

フランク　「それは助かる。営業の人たちをつかまえるのには苦労するからね」

チームのメンバーが力を合わせて事に当たろうとし始めている。トリッシュはチームの発見や提案をまとめていく。

トリッシュ　「じゃあこういうことね。今スケジュールに3日遅れなのは、作業の管理が悪かったから。わかったのは、行き違いがあって、状況のせいにして責任を果たしていなかったから。そして営業とマーケティングの双方のメンバーに不正確な思い込みがあったから。これで合ってるかしら？」

全員　「はい」

トリッシュ　「それがわかったところで、今後スケジュールを守るために、そして営業がマーケティング資料に協力するために、いくつかのことをしていきます。まず、期限について全員が合意すること。でもそれだけじゃ足りない。今回だって合意していたのに遅れたのだから。そこで、期限を承知している以上のことが必要となるわ。マーケティングは主なイベントのスケジュールを共有して、現状を全員が理解しているようにする。営業は、出先でメールを読めないときもマーケティングに連絡を欠かさないようにする。これでいい？」

全員　「はい」

トリッシュは新しい計画がうまくいくかどうかを検証するべく、チームに確認していく。

トリッシュ　「じゃあフランク、もし営業の返事が遅れてたらどうするの？」

フランク　「かまわず進めます。営業はチェックする機会を与えられていたのに期限を過ぎてしまったわけですから、うちは進める他ありません。営業のメンバーはコメントするか、しないなら黙ってるか、どっちかです」

トリッシュ　「営業はそれでいいの？」

カール　「ええ、かまいません」

営業とマーケティングは、もし営業が期限に遅れたらレビューから外されても構わない、ということで合意した。しかし、トリッシュは最高の結果を出さずして状況に流されることを拒み、それを認めない。

トリッシュ　「会社はそういうわけにいかないわ。営業に関与してもらう必要があるから。ここは譲れないポイントよ。このプロセスをきちんと管理して、最高の結果を出しつつ、期限も遅れないこと。そのためには営業が資料をレビューする必要があるの」

カール　「はい」

ステップ3の続き

トリッシュ　「マーケティング資料を次に作るのはいつなの？」

ジャン　「来月明けにすぐです」
トリッシュ　「じゃあどうやってやるかみていきましょう」
ジャン　「私が次の担当です」
トリッシュ　「わかったわ」
ジャン　「スケジュールを共有します。ええと（カレンダーをめくって）来週の金曜日までに」
トリッシュ　「いいわね」
カール　「出先からは誰に連絡したらいいかな？」
ジャン　「誰かコーディネートしてくれる？」
フランク　「僕がやるよ」
トリッシュ　「じゃあ、他に何か考えてることは？」
ジャン　「チーム全体として、次回これにどう取り組むかを考えます」
カール　「どんな想定をしているかを理解して、その想定が間違っていないかを確認します」
ジョン　「ちょっと受け身でやっていたと思う。遅れを生じないように、もっと積極的に取り組む必要がある」
ジャン　「次は安心だわ」
カール　「僕もだよ」

ステップ4：チームでフィードバックシステムを構築する

トリッシュ「ではフィードバックシステムを作って、新しいやり方がうまくいくように確かめましょう。次回はジャンと私のふたりでやって、その次はひとりでできるようにしたらどうかしら？」

ジャン「もちろんです」

トリッシュ「来週明けに打ち合わせて、スケジュール管理をどうしたらいいかを確認しましょう」

ジャン「いいですね。火曜日でどうですか？」

トリッシュ「スタッフ会議のあとの10時半でいいかしら？」

ジャン「はい」

このミーティングは、チームのパフォーマンス向上につながった。営業とマーケティングはもっと協働作業をするようになり、行き違いはほとんどなくなった。チームは初めてのMMOTから多くを学んだ。大きなプロジェクトにおけるパフォーマンスを各自で評価するようになり、彼らは部署内で最も効果的で頼りになるチームになった。

第4章

具体的なスキルを身につける

MMOTの4つのステップは、ステップごとに具体的なスキルを必要とする。直観的にわかるスキルも多いが、そうでないものもある。こうしたスキルを身につけることで、もっと効果的に人を指導できるようになる。

ここまで見てきたように、MMOTは注意深い思考プロセス、思い切った探求、そして創造的なプランニングを必要とするものだ。

そしてMMOTにはリーダーシップの要素が色濃く存在する。卓越した水準を目指し、木を見て森を見る姿勢、そして人を育て、仲間意識を醸成する。一人ひとりの個性や生き方、リズムやパターンが多様な中で、いかに組織としてそれぞれのベストを引き出すかがチャレンジだ。

MMOTは一つひとつユニークである。論理的な形式は毎回同じだが、いつも即興的だ。同じ質問をしても違う答えが返ってくる。人やチームがどう答えてくるか聞いてみるまでわからない。MMOTのプロセスのあいだずっと注意深く耳を澄ましている必要がある。

MMOT全体の目標

始める前にこれだけは絶対に備えている必要がある。MMOTによってどんな結果を実現しようとしているかを明確にしておくことだ。第2章で見たように、素晴らしい人材が素晴らしい成果を上げること、これが目的である。

この目的に間違いないのだが、これだけでは抽象的すぎて役に立たない。チームのメンバー一人ひとりについて成果を定義しておく必要がある。各自の職務が要求する具体的な資質と、チームや組織がどんな人材にいてほしいかという、ふたつの要素が必要だ。

スポーツにおいても全く同じふたつの要素が求められる。たとえば野球のチームで、全体的な運動能力と、ポジションごとの具体的なスキルの両方が求められるのと同じだ。キャッチャーとピッチャーとでは求められる役割が違う。このふたりはバッテリーというチーム内の小さなチームになる。相手チームのバッター一人ひとりに対して戦略を立てて向かわなくてはならない。一塁手《ファースト》と遊撃手《ショート》と右翼手《ライト》とでは求められる役割が違う。選手の多くはポジションを交換してもプレイできる。しかし誰が一塁を守っても一塁手の役目を果たす。外野を守れば外野手の役目を果たす。

同じように、組織の中には「プレイヤー（選手）」とポジションがある。プレイヤーの才能やスキルがポジションの要求とマッチしている必要がある。たとえば、才能豊かなプレイヤーなのに、ポジションの要求を理解していないということがある。その場合、求める成果は、そのプレイヤーがそのポジションをしっかり務められるようになることだ。あるいは、その役割を務めるには能力が不足していることがある。許容できる時間内で必要な能力を獲得できない可能性もある。もし獲得できなければ、これはプレイヤーとポジションのミスマッチとなり、何か別の手立てが必要になる。もし獲得できるなら、なるべく早く能力を備えることが求める結果となる。

自分の部下一人ひとりにプロとしてどんな成果を上げてほしいかを考えてほしい。これは期待する成果物を列挙することではない。各自の能力、スキル、リーダーシップ力、チームや組織と協働する力などの幅広い要素を勘定に入れる必要がある。

部下一人ひとりに役割がある。それぞれのポジションでどんな力が求められるのかをマネジャーのあなたは明確に把握していなければならない。一人ひとりが能力を伸ばす可能性《ポテンシャル》を持っている。それがどんな可能性なのかを明確に考え、可能性が花開いたときにどんな結果になるかをわかっておくことである。

マネジャーのあなたのビジョンには、チームが主体的に動ける能力や、社内の他のチームと協働できる能力、一人ひとりが独自に動ける能力や力を合わせて仕事できる能力などが含まれるかもしれない。

マネジャーのあなたは、部下自身が思っているのとは違うビジョンを持っていることもある。部下が気づいている以外のことに上司が気づいていることも多い。もしその特定の部下にふさわしいサポートが与えられれば、可能性を伸ばし、成長するチャンスを歓迎するだろう。

マネジメントの正念場は、期限遅れや仕事上のミスなどの出来事をきっかけに生じるものだが、それはもっと幅広い全体状況の中に位置づけられるものだ。部下の成長の可能性と、現在発揮されている能力をマネジャーのあなたがどう把握しているかである。具体的なパフォーマンス課題を扱うだけでなく、部下が成長することを目指してサポートするのだ。

MMOTに取り組むとき、現状に焦点を当てつつも同時に目指している将来のビジョンを持っている。このことを、本書で使う専門用語で「**緊張構造**」と呼んでいる。

緊張構造の原理

チームで仕事をするとき、ふたつの重要なデータポイントに焦点を当ててほしい。創り出したい状態と、今の状態のふたつだ。これを緊張構造の原理という。

緊張構造は、成功している組織におけるマネジメントやプランニングの道具として幅広く活用されている。そしてMMOTの中でも役に立つ。MMOTを通じて支援している相手にとってどんな結果が出たらいいのかを明確に認識しつつ、同時に実際のパフォーマンスを探求して今の現実をはっきりと知ることである。

緊張解消システムについて

緊張を生み出せば必ず解消に向かう。「緊張」という言葉を聞くと、たいていの人は不安、ストレス、感情的葛藤のことを思い浮かべる。しかし、ここで取り上げる緊張は心理状態とは関係なく、構造的な緊張のことだ。ふたつの関連する要素のあいだの差によって生じる構造のことを言っている。

自然界にはこの種の緊張がそこらじゅうに存在している。単純な構造もあれば、複雑な構造もある。たとえば、空腹である。空腹は最も基本的な衝動であり、緊張構造の形態だ。肉体が欲している食べ物の量と、実際に肉体にある食べ物の量とが異なる。この差が動きを生み出す。この緊張を解消すべく私たちは食べる。体が欲する量と体の中にある量とが均等になったときに緊張は解消される。

組織の仕事において私たちは、緊張構造の力学を利用してマネジメントを行う。それができるためには、目標、成果物、戦略的成果など、どんな結果を欲しているのかを明確にし、それらに対して今の現実がどうなっているのかを明確にする必要がある。マネジメントプロセスの当初においては、この両者のあいだには必ず差がある。自覚的に緊張構造を管理するには、目標にフォーカスし続けながら、同時に今の現実がどこに位置づけられるのかを理解している必要がある。

目標と現状のあいだに「ギャップ」が存在すると思う人たちがいる。これは違う。「ギャップ」とは何かがない状態のことである。緊張《テンション》はパワフルな力が存在していて、前向きのエネルギーになっている。ピアノが手元にあったらこのポイントを演奏することができる（音楽をご存じの読者なら三全音《トライトーン》がその例だ）。まず不協和音を鳴らし、次に長三和音《メジャーコード》で緊張が解消される。音を聴いたらすぐにわかる。これをギャップと比べてみれば違いがわかる。ギャップとは何もないことだ。何の音も鳴らず、何の緊張もなく、何の解消も起こらない。

緊張構造とは、的を狙って矢をつがえた弓のようなものだ。射手は自然の構造力を利用している。マネジャーもそうするべきなのだ。構造の中のひとつの要素が、生み出したい成果のビジョンである。そしてもうひとつの要素は、現実の明確な理解である。このふたつの要素で緊張構造ができ上がる。

さて、この緊張を解消するにはふたつにひとつしかない。目標を諦めるか、あるいは実現するか、のふたつである。もちろん私たちは、望む結果を実現することで解消したいに決まっている。

ＭＭＯＴのプロセスによって緊張構造ができ上がる。今のパフォーマンスと、将来望ましいパフォーマンスのふたつを位置づけることによってである。ＭＭＯＴのプロセスのあいだずっと両者を明確にし続けていくのだ。

ＭＭＯＴは、期待と実態の差から生じる緊張構造に基づいて機能するのである。

ＭＭＯＴのステップ1は、望ましい結果（期待）に照らして今の状態（実態）を認めることである。たとえば、「報告の期限は火曜日だったが、今は水曜日だ」である。両者が十分に明らかになると、緊張構造によって私たちは目的に突き進むことになる。つまり、今の状態を望む状態に変えようとするエネルギーとモチベーションが生まれるのだ。

どんな結果を創り出したいかを明確にすることが大切である。業務の状況から見るだけでなく、部下にとって望ましい未来のビジョンを考えるのだ。そしてビジョンに照らして今の現実がどうなっているかを明らかにするのである。

ＭＭＯＴを使う場面

ＭＭＯＴを使って状況を改善しようとするきっかけになるのは次のような場面が多い。

- 期待に達していない
- 期限に遅れている
- 許容できない品質
- 不明確な、または間違った目標
- プロセスが良くない（コスト高、非効率など）

- 価値が間違っている
- 戦略や戦術が間違っている
- 態度が間違っている
- 方向性・姿勢などが間違っている
- 準備が間違っている
- 情報やデータが間違っている

ステップ1：現実を認識するスキル

現実を認識するというのは一筋縄ではいかない。相手が現実を正確に客観視するのを助けるためのスキルがある。

「今どうなっているか」と「どのようにそうなったか」を区別する。

会話を放っておくと次々とトピックが移り変わるのは自然なことだ。ひとつのトピックに集中するには規律が必要となる。現実をしっかり認識してもらうには、話がすり替わらないようにしなくてはならない。「どのようにそうなったか」はステップ2、「どうしたらいいのか」はステップ3で扱う。ステップ1では「これが現実だ」と端的に事実だけを述べるのである。

現実をしっかりと把握しなければ次のステップに進むことができない。したがって、ありのままの事実に特別な注意を向けなくてはならない。

事実を提示するだけでは不十分だ。「認識する」というのは、上司・部下・チームの関係者がひとつの現実を同じように描写できることを意味している。

第2章で仕事のパターンを見たように、人は感情的な葛藤に反応してしまうので、厳しい現実を正確に認識することは意外と難しい。

マネジャーのあなたの役割は、現実がしっかりと認識されるように導くことである。事実がはっきりとわかるまでは決めつけることをせず、現実を「宙に浮いた状態」にしておくのだ。それによって部下やチームが事実を理解し、現実を明確に認識するのを助けることになる。

部下がそうであるように、上司のほうも厳しい事実と向き合うのが苦痛で、できるだけ早く次のトピックに進みたくなることがある。それはやめたほうがいい。それよりも、現実をはっきり認識するのに必要な時間をたっぷりとったほうがいい。ステップ1では時間をかけてMMOTの基礎を構築しているということを明確に伝えるといい。そのためにはトピックから決して外れないようにすることだ。

―現実の客観的描写に何度でも必要なだけ立ち戻ること。―

最初は当人が状況をはっきり把握しているように見えたのに、会話が進むにつれて事実の把握があやふやなのではないかと思えてくることがある。第3章のトリッシュのチームの会話でもそれがあった。そういうときは何度でも現実認識を描写し直す必要がある。相手の現実認識が少しでも甘いことがあったら、そのたびに戻るのである。それによって「現実をありのままに見て、決してあやふやにしない。正確な現実認識を基礎にして残りのすべてを構築するのだ」というメッセージを伝えることになる。同時に「現実は決して忘れ去られることがなく、ごまかされることもない。しっかり扱い、理解するのが我々の仕事だ」というメッセージも伝えることになる。

――現実認識が正確かどうか、明確なイエスかノーの答えを得ること。――

これは非常に基本的なテクニックだ。現実を述べたら、それで合っているかどうかを相手に聞くのである。

「この報告の期限は火曜日だったが、今は金曜日だ。それで合っているかな?」

「この広告キャンペーンの品質《クオリティ》は通常の水準に達していない。そう言っていいかな?」

「あなたのチームは会議に必要なデータを持ってこなかった。そうだね?」

この手の質問はイエスかノーの回答を要求する。ところが驚くほど多くの場合にイエスかノーの答えが返ってこないことが多い。もし相手が長々と説明をし始めたら、イエスかノーの答えを聞きたいと言うことだ。この時点で必要なのは説明ではない。同じ現実を見ていることが大切であり、事実を確認することが重要だからである。説明を始める人は現実がなぜそのようになったのかをわかってもらおうとしていて、現実をありのままに認識しようとしていない。マネジャーのあなたは自分の声色や姿勢に注意する必要がある。やりたいことは、相手と一緒に現実を探求することなのだから、法廷で反対尋問をしている検事のようになっては困る。

あやふやな返答に注意。

期限が火曜で今日が水曜なら、報告は1日遅れている。もし報告が期限までに完成していなければ、その内容がどんなに完成に近くても、完了とはいえない。もしあれこれとあやふやな返答をするようなことがあったら、事実をはっきりと確認しなくてはならない。

「あなたの報告は火曜日の期限に間に合っていない。それで合ってるかな？」

「いえ、もうほとんど仕上がってるんです。あとほんの少しで完成ですから」

「もう少しで完成だとしても、火曜日が期限で、期限に間に合っていない。そうだね？」
「はい」

見解の相違に注意。

上司と部下とで見解の相違を見ることがある。見解の相違は、たいてい期限とは関係なく、品質に関して生じることが多い。品質について考えるとき、誰の責任で基準を定めるのかを知っている必要がある。市場なのか、経営幹部なのか、それともマネジャーのあなたなのか。品質の基準がどうなっているのか、誰が定めるのか、が不明の状態で品質に関するＭＭＯＴを行うのは難しい。

「この報告書の品質は通常の水準に達していない。そう言っていいかな？」
「いいえ、通常の水準に達しているばかりか、通常以上だと思います」

この「いいえ」という回答は、見解の相違を示唆しており、詳しくその内容を話し合うことになるだろう。基準は何か。誰が定めるのか。それぞれの見解の根拠は何か。客観的な基準はあるのか。

見解の相違があるときは、オープンな態度で理解し合うことだ。相手の言い分を聞き届けたら自分の見解が変わるかもしれない。もし相手の言う通り品質が十分だという見解に達したら、そこで話は終わる。もし品質が不十分だという見解が変わらなかったら、相手の見解が変わらなくても上司の基準で評価することになるかもしれない。MMOTの会話によって、部下の仕事がクリアすべき基準や、誰が基準を定めているかについて、より明快な感覚が共有されることになるだろう。

「こうして話し合った結果として、あなたと私とでは品質についてかなり異なる基準を持っているということがわかった。この話し合いができてよかった。これで今後は誤解を生じないようにすることができる。率直に言うと、今回のケースでは私の基準で評価することになる。基準を設定するのは私の役割で、今後もそうしていく。もしあなたが基準を定めたら異なる基準になるということがわかった。しかし、この仕事に関しては私が基準を定め、あなたがそれをクリアしなくてはならない。これについて何か質問はあるかな?」

見解の相違を探求する

以下の会話では、上司が部下の思考プロセスを探求し、部下の見解を理解しようと努めている。ステップ2に踏み込んでいるが、これは本来のステップ2ではなく、あくまでも現状をもっと理解し、なぜ部下が品質について異なる見解を持っているのかを理解するためのものである。

「見解の相違があるね。あなたはこの報告がどんなふうに基準を満たしていると思うのかな?」

「明快で、図表も見事で、制作クオリティは一級品です」

「それはその通りだね。しかし、この報告は我々の出した結論を伝えていないし、市場調査のように無駄に見える内容が多い。実際の顧客や当社の市場ではない一般的な調査内容がどうしてこんなにたくさん入っているのかな?」

「それは背景情報です」

「どうしてこんなに詳細な背景情報を入れているのかな。そして当社の市場ではなく市場一般の情報が」

「それはなくてもよかったかもしれませんね」

「こういう詳細を入れることにしたとき、あなたは何を考えていたのかな?」

「十分な深掘りをしていないという指摘が誰からも来ないようにしたかったんです」

「なるほど。すると批判を先回りして封じておくためかな?」

「ある意味でそうですね」

「しかしそれは報告の目的ではない。報告の目的は、読み手が必要とする情報や実際の課題を提供することだ。そうだね？」

「はい」

「これほどの詳細情報を付加することで、報告はより明快になっているか、それともわかりにくくなっているか、どっちかな？」

「そうですね、そう言われてみると、この報告の目的以外の調査情報が入っていることで、かえってわかりにくくなっているかもしれません」

「この報告が通常の基準に達していないと私が考えた理由をわかってもらえたかな？」

「はい」

「以上の話から考えて、この報告は通常の基準に達しているといえるかな？」

「いいえ、不必要な市場調査の情報を入れてしまったことで、そうとはいえません」

「ではこの報告は通常の基準に達していないということで同意するかな？」

「はい」

その場しのぎのイエスに注意。

イエスという返答にもいろいろある。その場をしのぐためにイエスと言ってしまう人は少なくない。本当に現実を認識してイエスと言っているのか、それともその場しのぎでイエスと言っているのか、見極める必要がある。次のようなことに気をつけよう。

- 首尾一貫して現実を理解しているか。もし相手が事実に対してあやふやな態度をとってためらいつつ、すぐにイエスと返答してきたら、それは本当に合意しているのではなく、一時しのぎをしていると見ていい。
- 自分の仕事のプロセスを正確、公平、客観的に探求しようとしているか。もしそうしておらず、すぐにイエスと返答してきたら一時しのぎのイエスだろう。
- 言い訳したり他人のせいにしたりしていないか。もしそうなら一時しのぎのイエスだろう。
- もし最初のイエスがその場しのぎではないかと思ったら、直接確かめるといい。「すぐにイエスと答えたわりには、そうではないかのようにも聞こえるが、どうしてかな?」こうしてストレートに尋ねることによって関心領域の探求を深めることができる。
- もし新たな事実が発覚したら、現実描写を改めること。ときには現実理解を刷新する必要が生じることもある。

「報告は火曜日の期限だったが、今日は水曜日だ」

「実は先週、期限を変更していました。メールもお送りしていましたよ」

この例では、新たな事実によって、扱っている状況が変わっている。事実に基づいて現実認識をアップデートすることが大切だ。

事実（期限、データ、仕様など）について見解の相違がある場合、記録を参照することができる。しかし質的な見解については、見解の相違が存在して当然の場合もある。相手は十分にい い仕事をしたと思っていて、あなたがそう思っていない、ということもある。自分の基準を持ちつつも、相手の視点を理解することにオープンでいる必要がある。

ステップ2：思考プロセスを追跡するスキル

逐一たどる

今の状況に至るプロセスを分析し始めたとき、出来事の順序を理解することが大切だ。このとき、逐一たどっていく。一つひとつの意思決定を事細かに追っていき、相手がどういうロジックで思考していたのかを理解するのである。その意思決定は正しかったのか、と確認する。よくあるのは、その場面でベストと思えた決断が、あとから振り返ると間違いだったということだ。振り返るとよく見える。想定や思い込みが正しかったのか、行動の結果がどうなったのか、予測できなかった出来事が何だったたか、意思決定のインパクトが何だったたか、事が終わったあとならば私たちはすべて知っている。後知恵は優れた教材となる。後知恵を振り返ることによって私たちは重要な意思決定を行う条件について理解を深めることができる。一般的な原則を知り、傾向、パターン、予想外の出来事を予期することを学ぶのである。たとえば、経験豊かなエンジニアチームであれば開発スケジュールが自分たちの計画よりも時間のかかることを知っている。必ず何かが想定よりも時間をとると経験的に知っているのだ。具体的にどの要素かは予期できないが、どのくらいの割合で計画以上の時間がかかるかを予期できる。これは想定外の遅延の経験から学んでいる一般原則である。そこで計画の際にその割合の時間を織り込んでおくのだ。そうやって後知恵から得た気づきをより生産的なパフォーマンスのために活用するのである。

出来事を追跡するのに最も簡単な方法は、開始から終了までを時系列で追うことだ。

「その仕事を引き受けたとき、最初に何をしたかな?」

「そして次に何をしたのかな?」

言葉を映像にしていく

相手の話を聞いているとき、言葉を次々と映像に変えていくといい。これはとても効果的なテクニックだ。頭の中に撮影隊がいて、あなたが聞いている相手の話をどんどん映像にしていると想像してみてほしい。これによって相手がその状況で何を考え、どんな意思決定をしていたかを、相手の立場で正確に聞くことが可能になる。

このテクニックにはまだ先がある。相手の話の中に登場する他の人物たちの立場も映像で聴くのである。それによって出来事を一方的に理解するのではなく、多面的に理解することが可能になる。

何が起こったかを心の中に映像で描くことができるだろうか。もしできたなら高いレベルの理解に達している。もし映像の一部しか見えておらず、見えていない部分があったなら、そこに焦点を当てて質問することができる。

「契約問題が生じるところまでは話がよく見えた。契約問題が起きた状況についてもっときちんと見ておきたいから、もう一度そこで何が起こったのかを話してもらえないだろうか」

相手の話を聴きながら映像にしていくのである。新たな情報が入るたびに絵を描いていき、抜けている部分があったら質問する。もし辻褄が合わなかったら質問する。

――臆測を避けること。――

必要な情報が欠けているとき、私たちは臆測で埋めてしまう傾向がある。臆測するのは人間の性質だ。臆測によって穴を埋め、点と点を結び、秩序と理解の間隔をでっち上げている。あいにく憶測や仮説は現実の理解を妨げる。もうわかったと思ってしまうと大事な質問をし損ねる。

自分の推測で穴を埋めてしまうと、本当の話がわからなくなる。知的な厳格さをもって穴を浮き上がらせなくてはならない。これは全く直観に反するスキルであり、本当に何が起こったのかを探求するために意識して身につける必要がある。

まず、私たちは知っていることを知っており、知らないことを知らない。ところが、憶測や仮説によって私たちは知らないことを知ったつもりになってしまう。事実以外のもので穴を埋めたりせずに、その部分にスポットライトを当てる習慣をつけよう。その習慣によって、探偵が真実を突き止めるように、分析に必要な重要情報を明らかにすることができるようになる。

想定・思い込み

相手の話を聞いていくと、思い込みや想定に気づくようになる。それはどんな想定だろうか。正しい想定なのだろうか。

人は、現実ではなく思い込みに基づいて行動することがよくある。相手の思い込みを追跡していくと、変化のための大きな力を発見することがある。思い込みは実際には間違っていることが多く、それを知ることによって相手が今後は現実をもっと正確に見るようになる。思い込みがおおむね正しくても今回のケースでは正しくなかったとわかれば、やはり相手はもっと現実を観察し、過去の経験や思い込みに頼らないようにすることを学ばなくてはならない。

思い込みというのは、実際に正しいかどうかを確認せずにそれが正しいと思い込んだ結果である。思い込んだ想定で間違っていないこともある。しかし仕事のパフォーマンス向上のためには、思い込みが決定的な邪魔をしていることが多い。

たとえば、グローバル製造業企業の営業部門のトップのケースがある。彼は30年以上その組織に勤めていた。その期間に業界が変容し、部下の営業担当者たちや営業管理の性質も変わっていた。変わらなかったのは彼自身の仕事についての思い込みだけだった。彼が次々に成功を収めたプロセスはもはや有効でなくなっていた。部下たちは彼が知る必要のある真実を伝えるのが怖かった。彼は苛立ちを募らせ、有能さを失っていった。しかし自分の役割と部下たちが変化していることを悟ってからは大きな転換を遂げることができた。彼はこれまで「数字を作れ」と部下にプレッシャーを与える必要があると思い込んでいた。実際にはプレッシャーを与えれば与えるほど部下は抵抗するばかりだった。彼の長年の成功体験は貴重だったものの、そのマネジメント手法は迷惑だったので、せっかくの知恵が共有されることもなかった。彼は部下たちが彼の知識を学ぼうとしないのにしびれを切らして無理やり教え込もうとしていた。実際には、部下たちは彼から学びたかったのだが、助言を求めるのを恐れていたのである。

彼は自分の思い込みに気づいた。そして、実際に部下たちに学びたいのかどうかを確かめることができた。実際に部下たちは学びたがっていることがわかったのだ。

彼にはもうひとつ、自分の役割について思い込みがあった。自分の仕事は言うことを聞かない若手の営業担当者たちを監督することだ、と思い込んでいたのだ。この思い込みを吟味し直すと、若手の営業担当者たちは必ずしも言うことを聞かない粗暴な連中ではなく、ただ経験が少ないだけだった。いくら監督したところで彼らの成長の役には立たなかった。彼らに必要なのはメンターであり、彼こそがそれにふさわしい人間だったのである。思い込みを現実に照らして確かめてみることで、自分の仕事についての理解を改め、部下のメンターになることができたのだ。そして彼は営業チームと組織全体にとって非常に優れたリーダーになっていったのである。

人の思考プロセスにはどんな思い込みが潜んでいるのか。それは正しい想定なのか。どうやって正しいかどうかがわかるのか。

私たちは一般論を現実に優先しているか、それとも具体的な現実を見ているか。たいていの人は厳密にこの区別をしていない。事実と観念、過去の体験や記憶や偏見をないまぜにしている。

思い込みを検証する際には、現実こそが真実の試金石となる。事実を知らないときに人はいろいろな想定をするのだ。想定、仮説、憶測、理論などを使って本当のことを知らないにもかかわらず「わかっている」という感覚を作り上げるのである。そういう思い込みによって私たちの思考の多くが支配されており、思い込みを現実に照らして検証することによって初めて地に足のついた思考が可能になる。

現実は必ずしもわかりやすいものではない。事実を追求し、関連性を調べ、うわべの現象の奥に潜む構造を見に行く必要がある。これが、効果的で創造的で柔軟になるために必須の規律のひとつである。

しかし私たちは、現実を知らないまま意思決定しなくてはならないことも多い。そういう場合は、できる限りのことを把握し、過去のパターンを理解しておくことだ。自分の思い込みが過去に正しかったことはどのくらいあるのか。思い込みが間違っていたとき、何が原因だったのか。そういうパターンから何を学べるのか。

思い込みを現実から切り離し、混ざらないようにすることだ。人によっては思い込みがあまりにも強すぎて、現実なのか憶測なのかの区別がつかなくなってしまっていることもある。

デザイン（設計）の欠陥

相手の話を聞いているとき、仕事の構造的なデザインが機能しているかどうかに留意するといい。実行のプロセスばかりに目を奪われて、デザインの重要性を見落としていることが多いのだ。デザインの複雑性が成長やパフォーマンスの限界を生むことがシステムダイナミクスの領域で研究されている。マサチューセッツ工科大学（ＭＩＴ）のジェイ・フォレスター博士は１９５０年代にシステムダイナミクスを創始している。本書ではシステム分析に立ち入らないが、MITのシステムダイナミクス研究者たちの知恵の一端を紹介したい。ピーター・センゲの画期的著書『学習する組織』（英治出版）には次のような例が解説されている。

- 原因と結果は、たいてい離れた時間と空間に存在している。
- 物事はたいてい見た目とは異なる。
- 問題への解決策が問題を悪化させることが多い。
- システムの一部を押し込もうとすると、別の一部で跳ね返りが起こる。

こういう洞察は直観的なものではない。私たちは普通、原因と結果が近いところに存在していると思っている。私たちは普通、物事は直前の出来事によって引き起こされたと思っている。私たちは普通、意志の力でパターンを変えられると思っている。

「どうして製品の品質を下げようと決めたの？」

「競合他社が価格を下げてきたのです。ですから当社も価格を下げる必要がありました」

この単純素朴な回答が「**出来事が別の出来事を引き起こす**」という典型的な思考の産物だ。市場の圧力によって価格を下げるという決断は、この例のように、市場の要求に近づくと同時に、遠のくことになりかねない。どういうことか説明しよう。値下げによって価格は近づいたが、品質は遠のくことになる。こういう重要な意思決定において、私たちはデザインを幅広く考慮する必要がある。つまり、価格圧力に応じることは顧客不満足につながる、ということだ。そもそも顧客満足のために値下げしたのに、顧客を怒らせることにつながっている。解決策が問題を悪化させているのである。これは前述の洞察のひとつに当てはまる。「システムの一部を押し込もうとすると、別の一部で跳ね返りが起こる」というものだ。

デザインは部分と全体の関連性に関わってくる。たとえば、誰がそのポジションについても同じパフォーマンス課題が一貫して現れるという場合、それはデザインに原因があることがはっきりと疑われる。たいていの組織でよくあることだが、ある人のパフォーマンスが悪く、何をやっても改善せず、いよいよ別の人に交代させたのに、半年もすると全く同じパフォーマンスの問題が現れる。

たいていの人がそういう状況を知っているが、それが何を示唆するかを考えることは少ない。驚くべきことは、世間の専門家が個人の資質について述べていることがほとんど全く当てはまらないということだ。つまり、同じポストに別の人を配置しても、同じ現象が起こる。全く違う資質の人だというのに無関係なのである。

人がどういう理由で特定のふるまいをするのか。生まれや育ち、教育や環境、文化的背景やＩＱやＥＱ、ＤＮＡ、占星術、数秘術、無数の説明がある。どれをとっても、**その人の仕事の**

ポストに構造的に埋め込まれた力学に勝る力は存在しない。

全く違う資質の人たちが、同じポストで同じふるまいをするのを見ると、これは実行の問題ではなく、デザインに原因があるとわかるだろう。

どんな順序で何が起こったのかを追跡していくとき、重要な要因としてデザインに着目するといい。

予想外の出来事

全く予見できない出来事が起こることがある。それは人生につきものだ。そういう場合、その人がその事態をどう扱ったのかを知ろうとするだろう。その状況をどう捉えたのか。どんな決断をしたのか。何を学んだのか。想定外の出来事を受けてどんな計画を立て直したのか。状況を捉え直すために何をしたのか。

こうした問いに答えていくことで、その人が想定外の事態をどう扱うのかについてわかってくる。定常業務に優れていても想定外には弱い人がいる。異常事態が発生すると俄然張り切って力量を発揮する人もいる。こうした振り返りから学べることは著しく貴重である。

ステップ3：計画を創り出すスキル

仕事のプロセスを考え直す

どのようにして今の事態に至ったかを分析して理解できたら、そこから学んだことを活かして今後どうするかの新しい計画を立てることができる。ステップ3で次の4つのことが可能になる。

- 相手がどのように仕事のプロセスを考え直すかによって、ここまでのステップで何をどのくらい学んだのかが示される。
- 今後の仕事で成果を上げるための新しい計画ができ上がる。
- 今後どんな基準で仕事が評価されるかが決まる。
- 今後の仕事で学んでいくことの土台ができる。

論より証拠だ。つまり、本当に相手が学んだのかどうかは、実際に新たな行動を今後の計画に反映させることによって初めてわかる。新しい計画はステップ2で学んだことの文脈において理解しなくてはならない。それによって上司と部下とのあいだで新たな理解が生まれ、どんな要素が鍵となるのかが明快になる。

プランニングを始めるのに一番いい方法は、「今回学んだことを、もし当初からわかっていたら、どうしていたか」を検証することだ。

「もしもう一度同じ仕事を同じ条件でやり直すとしたら、今回学んだことによって仕事のアプローチはどう変わる？」

この問いへの答えは、仕事の成功と不成功とを分けるアプローチの違いとなるはずである。

「実際のニーズが何かをチェックして、不必要なマーケティング情報などを報告に含めないようにするでしょう」

「チームの全員が同じプロセスを共有しているようにして、協力会社管理（下請管理）をきちんとできるようにします」

「それはどうやってやるのかな？」

「誰か特定のメンバーを担当者にして、協力会社（下請会社）の期限管理をもっと厳密に行うようにします」

「それはどうやって実現するの？　これからはどんなふうにやり方が変わるの？」

「私のパソコンにプログラムを組んで、チームに進捗のアラートがメールされるようにします。そしてアラートが送信されたら、私がメールか電話でフォローアップします。そして遅れが生じそうなら私がチームに注意を促します」

「もし知っていたら」「もしわかっていれば」と本人に振り返りをしてもらうと、どこまで深く理解しているかがわかる。どの要素のせいで今の結果に至ったかわかっているのか。何が違ったら成功したかをわかっているのか。わかっているなら次に進める。わかっていなかったらステップ2に戻ったほうがいいだろう。もっと分析して理解を深めることができる。マネジャーのあなたには見えていることが当人には見えていないのかもしれない。ステップ2に戻ることで、何が起こったのか、なぜそうなったのか、何を学ぶべきかを上司と部下の双方で確認することができる。

次の仕事に活かせるか

次にいつ同じような仕事をするチャンスがあるのかを聞くのも役に立つ。ステップ2で得た教訓をどれだけきちんと理解しているかを確かめるチャンスになる。

「同じようなプロジェクトを次にやるのはいつになるかな?」

「アジアに新しい製品ラインを展開する見込みを、来月分析することになっています」

「今回学んだことを活かせたら、次はどういうふうに取り組むかな？」

ステップ2で学んだことが新しい計画に活かされるはずである。もしそうでなければステップ2に戻る。活かされていれば、新しい計画に進める。

新しい計画を映像で見る

新しい計画を映像にして見るといい。うまくいきそうだろうか。どんな想定・思い込みがあるだろうか。それは正しいのか。どうやって正しいかどうかわかるのか。

この時点でのマネジャーのあなたの役割は、計画の有効性を当人が考え抜くのを助けることだ。こういう場合、ああいう場合はどうか、と問いただす。駄目出しをするというよりは、シナリオプランナーのように計画の実効性を検証していくのである。そうやって計画の微調整を行ううちに理解が深まっていく。部下は、あなたが計画するならどういうふうに考えるかを目の当たりにして学ぶ。どんな原理原則を使ってプランニングするのかを理解するようになる。こうしたやりとりのすべてがメンターシップの好例となる。

全体的な洞察

ここまで洞察を集めてきた。それはどんな洞察だったのだろうか。どんなことに注意し、どんなことを強みとして継続し、拡大しているのか。それがよくわかったら次の計画に反映することができる。洞察というものは一般的であり、普遍的に応用することができる。

「分析と計画がひと通り終わったところで、全体的にはどんなアイデアや原則が自分に当てはまると思うかな?」

ステップ4:フィードバックシステムを構築するスキル

最高の計画にまつわるリスクは、きちんと実行されないことである。計画は青写真にすぎず、最終成果ではない。優れた組織の強みは優れた戦略にあるのではなく、戦略の優れた実行にある、というのはよく説かれる真実だ。製品やサービスが模倣されやすい業界においては特に、実行のスピード、品質、効率こそが勝敗を分ける。『経営は「実行」(Execution: The Discipline of Getting Things Done)』(日本経済新聞出版)という著書でラリー・ボシディとラム・チャランが「実行とは戦略的であり、戦術的ではない」と言ったのはこのことだ。Dell、GE、UnitedHealth Group、LaFrance などは実行に抜きん出た強みを持つ企業の例である。

パフォーマンス上の難題を片づけた、と一息ついてミーティングを終了してしまうことが多い。これからはやり方を変える、変え方もわかった、と安心して気を抜いてしまうのである。それだけで万事解決だったらなんと楽だろう。残念ながら、そうは問屋が卸さない。この時点ではわからないとしても、安心や達成感は一時的なものにすぎない。

ＭＭＯＴが中途半端で終わらないためにはステップ４に進み、フィードバックシステムを構築することが決定的に重要だ。また、フィードバックシステムが効果的であるためには首尾一貫していて厳格でなくてはならない。そして、フィードバックシステムは決してマイクロマネジメントではない。それどころか、変化をモニタリングするのは経営管理の鉄則である。マネジャーは物を作るのではなく、仕事のパフォーマンスを生み出すのが仕事だ。したがって部下のパフォーマンス向上を助けることこそがマネジャーの第一の責任である。そのためにはフォローアップの仕組みを持ち、新しい行動への変化が定着するようにしなくてはならない。「もし新しいパフォーマンスのパターンが部下の行動に現れなかったら、どう扱ったらいいのか」と自問してほしい。「もっと緊密にモニタリングする仕組みを導入すること」が答えになる。それをせずに何を待っているというのだろうか。スポーツチームのコーチが手をこまねいて次の試合で負けるのを待つ、などということはありえず、もっと練習を重ねるに違いない。同じように、マネジャーのあなたも手をこまねいていないで新しい仕事の仕方が定着するための手を打つべきなのだ。

厳格な運用が必要だと言ったが、大したことではない。タイムリーに点検する、定例会議で確認する、電話やメールをする、などである。最初のうちはやりすぎではないかと思うものだが、そんなことはない。新しい仕事習慣を身につけるには、最初のうちは時間がかかって当然だ。そして習慣が身についてくるのを確認したら、モニタリングを再調整すればいい。向上してきたら部下をもっと信頼してチャンスを与えるといい。その段階においても何らかのモニタリングは必要で役に立つ。

メールでフォローアップする

簡単なフォローアップはメールでできる。MMOTの会話で何がわかったかの記録にもなり、将来のMMOTの際に参照することもできる。

主なポイントをメールで送るように部下に指示するといい。それによって部下がどの程度理解しているかを確認することもできる。また、文字に書き起こすことによって理解は深まる。すでにわかっていることを改めて文章に書くことでさらに理解できるようになる。

メールの期限を定め、できるだけ早く送ってもらうようにするといい。3日以内がいいだろう。

たとえばこんなやりとりになる。

「今日の会話をまとめてメールしてもらえるかな。何があったか、なぜそうなったか、そこから何を学んだか、次にどうするか、他にも大事なことがあったら含めてほしい。それによって今日の内容の記録にもなるから」

「はい」

「来週の火曜日までに送ってほしい」

「わかりました」

フォローアップする

新しい計画にはたくさんの内容が盛り込まれる。たとえば、デザイン、行動、意思決定、他の人たちにやってもらうこと、情報収集と情報共有などである。一般的に、計画の実行には序盤、中盤、終盤がある。計画ごとに注視すべき重要なイベントがある。そういった重要フェーズではお互いにチェックし合うことが大切だ。

ミーティングは短いほうがいい。しかし新しい仕事のパターンを採用していることを確認できるだけの時間を確保しなくてはならない。「調子はどう?」「好調です」では駄目だ。ステップ3で作成した計画を映像化し、その映像と現実の進捗を比べるのである。


「今プロセスの中でどこにいるのかな?」

「B社と契約を結んだところです」

「予定通りの時間内だった?」

「いえ、少し遅れました」

「何があったの？」

「先方のエージェントの奥さんが出産になって1週間不在で、1週間遅れたんです」

「全部が1週間遅れているのか？」

「いいえ。でもいくつか遅れています」

「それはどうするつもり？」

「メンバーに指示してスケジュールを組み直し、間に合う手筈にしています」

「新しいスケジュールは？」

「まだです。来週木曜までの期限です」

「君の部下たちは柔軟に動ける？　つまり何とかできそう？」

「急な変更に対応するのはあまり得意ではないほうですね。少ししっかり見てやる必要があります」

「提出されたスケジュールが不十分だったらどうするつもりかな？」

「そのときは私自身がスケジュールを組み直します」

「こうしたらどうかな。もし組み直したときは、新しいスケジュールを私のところに持ってきて、一緒に見直さないか。そのほうがよさそうだ」

「わかりました。それは助かります」

この会話はフィードバックシステムの一例である。定期的に点検するだけでなく、そのシステム特有のフィードバックが必要になる。マネジャーのあなたは自分であれこれ引き受けすぎないように注意することだ。それをやり始めるとたちまち時間がなくなり、仕事ができなくなってしまう。実行担当者が責任を持って仕事をやり遂げる手伝いをするのがいい。フィードバックシステムは、やりすぎず、足りなくもない、ちょうどいいレベルにしたい。「ちょうどいい」がどのレベルなのかは具体的な仕事に取り組むことによってしかつかめない感覚である。

指導育成《メンタリング》としてのフィードバック

チームの指導育成をするのに一番いいのは、こういうフィードバックのセッション中である。フィードバックの一環として新たなＭＭＯＴをやるのがいいこともある。１回の会話で必要なことをすべて学べる人は少ない。ＭＭＯＴを連続で行うことによって習熟が可能になる。アートやスポーツの分野ではたいてい指導者、コーチ、教官がいる。一流のアスリートやアーティストもそうだ。何をやったのか、今は何をしているのか、それをどう考えているのか、自分では思いつかなかったことを今後どうやるのか、などをレビューすることで学習が強化される。他人にとやかく言われずに自分のペースでやりたいという人は多いが、独学独習だけでは難しく、滅多にうまくいかない。スキル、知識、パフォーマンスをスピーディに高めるには人の助けが必要なのだ。それが役に立つとわかった途端に新しい可能性の世界が開ける。もはや独学のみで取り組む必要はない。誰かの助けを借りていい。プロ同士の会話をしていい。自分の仕事のキャリアが発展途上だと認め、学び続け、もっと成長していいのである。

指導育成にはもうひとつ利点がある。仕事に没頭しているときは誰でも状況を客観視するのが難しくなる。いろいろなアングルから現実を観察することが大切だ。接近してクローズアップで見たり、一歩ひいて全体像を見たり、ひっくり返して見たり、後ろから見たり、ひっくり返して後ろから見たりするといい。視点を転換することによって現実の見え方が変わり、もっと創造的な可能性を生み出し、自分の盲点から逃れることができるようになる。

MMOTの形式

MMOTは柔軟に実施してかまわないが、ステップの順序には論理的な理由がある。新しい計画をモニタリングするためには、新しい計画がなくてはならない。新しい計画を作成するためには、これまでの実績を理解しなくてはならない。何が起こったかを理解するためには、今どんな現実になっているのかを認識しなくてはならない。ステップからステップに進むことでできるようになっていく。MMOTには特有のリズムが生まれる。MMOTを習得すると、自然な流れで進行することがMMOTの経験を積むことによって自分のものにしていくのである。

そしてMMOTを重ねることでマネジャーのあなたのマネジメントスタイルが進化していく。真実を伝える、探索する、要素間の関係を見極める、力を合わせて取り組む、誰かをサポートする、などの大切さが、ＭＭＯＴを形式的に行っていないときにもあなたの中に息づくようになるのである。

第5章 ポジティブMMOT

ここまで見てきたように、マネジャーの正念場は二段階から成っている。実態と期待の差に気づくこと、そしてその差を扱うか黙殺するかの決断である。通常、期待に実態が届かないことが多い。しかし逆の場合もある。期待を実態が上回っているケースだ。これを「**ポジティブな正念場**」と呼ぶことにする。

ポジティブなMMOTもまたパワフルな学習体験になりうる。4つのステップは同じだ。ただし学習の対象は「何がうまくいったのか」「それを将来いかに活用できるか」となる。

ここで留意しておきたいのは、ポジティブなMMOTは単に成功を褒め称えて強化しようというものではないということだ。そういう効果があったとしても、それは副産物にすぎない。MMOTの目的は、あくまでも実際に起こったことを認識して学び、活用することにある。

本物のモチベーション

褒め称えるのは悪くない。ただし褒め称えるべき事実がある場合に限る。ただただ部下を動かそうとして褒め言葉を使うマネジャーは信用を失う。口先だけで褒められても馬鹿にされているとしか思えず、成功の強化にすら結びつかない。

改善のためにMMOTを行うとき、部下の気分を悪くするために会話しているわけではない。同じように、ポジティブなMMOTを行うときも、部下の気分を良くするために会話しているわけではない。

組織の観点から見ると、会社全体に真実を扱える場《プラットフォーム》を創り出したいのである。そのためには、なぜMMOTをしているか、私たちのモチベーションを明らかにする必要がある。真実を見出して率直に伝えることと、何かの効果を生み出すために物を言うことは全く違う。両者をはっきりと区別する必要がある。

真実を伝えるということは礼儀を欠くことではない。考えていることをどんな言葉で伝えたら相手に伝わるのか、それを見つけたいのである。一方で私たちは、何のために相手にメッセージを伝えようとしているのかをはっきりさせる必要がある。もし率直に語らなければ、相手に気づかれるものだ。

率直に語り出すと、最初のうちは相手が戸惑うかもしれない。率直に何かを伝えられることに慣れていない人は、いったいどんな裏があるのかと疑うこともある。しかし時間をかけて会話をしていくうちに、何の裏もなく、本当のことをありのままに伝えているということがわかるようになっていく。そうなれば、私たちの語る言葉はもっと影響力を持つようになる。

この話の教訓は、率直に語り続けることによって誠実さが伝わるということにある。そうなれば、褒め称えたときも、何の裏もない、本音の言葉だということが伝わるのである。

ポジティブなMMOTも改善のためのMMOTも、全く同じモチベーションで行われる。すなわち、現実を認識し、そこから学ぶことだ。

優れた実績を公然と認めることの力強さ

ポジティブMMOTは相手を褒めるために行うものではない一方で、実際に行えばポジティブな強化につながるものだ。

同じ形式で進める

ポジティブMMOTにおいても4つのステップは同じだ。現実を認め、経緯を分析し、次の計画を立て、フィードバックシステムを構築する。

改善のMMOTに比べるとステップの中にはそれほど有用でないものもあるが、この形式に従うことで得られる実用的な学びは大きい。

ステップ１：優れた実績を認める

まず事実を描写することである。

「ブラジル市場に参入して５％の市場シェアを獲得することを期待していたところへ、あなたは12％獲得している。そうだね？」

「はい」

「素晴らしい。目標の倍以上の成果を上げているね」

認めるべき現実の中には、相手やそのチームが期待を上回る実績を上げていることを喜んでいるという事実も含まれよう。その場合、認めたい現実は、実績そのものに加えて、それを喜んでいるという事実である。

通常、改善を要する現実よりも、期待を上回る現実のほうが認めやすいことが多い。しかし、ときには賞賛をそのまま受け取らない相手もいる。

「今月の売り上げは目標を22％も超えているね」

「ええ、ラッキーでしたね」

「あなたのチームは、製品リリースを前倒しで、予算以下のコストで実現したね」
「ええ、うちのチームは優秀で」

こういう謙遜は礼儀正しいとされることが多い。自分の優れた実績を誇らないようにと教わっている人も多い。しかし真実は真実である。実際には、凄まじく見事な仕事をやりおおせた結果であるかもしれない。

ステップ1は、お互いの認識を確認するものだ。改善のMMOTと同様、現実を告げるだけでは足りない。期待と実態に差がある事実を誤解の余地なく認める必要がある。ステップ1の形式は変わらない。ただ現実を認めることが心地よいものであるだけだ。MMOTによって私たちは真実を伝える場《プラットフォーム》を構築したいのであり、ポジティブMMOTもまた現実の理解を深めるものである。優れた仕事ぶりを賞賛するためだけにMMOTを行うのではない。成果を上げたプロセスを分析し、将来のための学習を指導するために行うのだ。ステップ2では相手がどんなプロセスで優れた結果を出したのかを分析する。ステップ1では単純に実績を認めるだけである。

「今月の売り上げは目標を22%も超えているね」

「ええ、ラッキーでしたね」
「幸運の女神がどんなふうに微笑んだのかはあとで確かめることにして、今はこの現実を確認しよう。22％超えということで合っているね？」
「はい」

ステップ2：どうやって優れた実績を実現したか分析する

ポジティブMMOTの分析のステップでは、相手（またはそのチーム）がどうやって結果を出したかを追跡する。改善のMMOTと同じだ。まず何が起こって、次に何が起こったのか、順々に話を聞いていく。

時系列で話を聞いていく方法はとても役に立つ。当人には盲点があって、自分がなぜミスをしたかに気づいていないとき、順序立てて聞いていくことで気づきが生まれやすい。ポジティブMMOTはミスを引き起こした盲点ではなく、無意識に発揮していた有能さを浮き彫りにすることがある。それが自覚的な有能さとなれば、優れた実績の再現性が高まることになりうる。

ステップ2の進め方で有効なのは、ずばりと斬り込むことだ。つまり、「どうやってそんな凄い結果を出したのか」と説明を求めるのである。

「今回の売り上げの数字は期待を大きく上回るものだ。どうやって実現したのか私も理解したい。この実績を可能にした決定的な要素は何なのか、何を学ぶ必要があるのか」

これは的を絞りつつオープンな問いかけである。「ラッキーでした」「うちのチームは優秀で」などという謙遜ではなく、もっと実質的な答えを聞きたいのだ。

「ラッキーだと言うが、どの部分がラッキーで、どの部分が実力だったのかな?」

「優秀なチームだと言うが、彼らのどんな仕事ぶりが今回の結果につながったのかな?」

ずば抜けた成果はラッキーの産物の可能性もある。ただの巡り合わせで幸運な結果に至った場合はまぐれということもある。しかし繰り返しラッキーが続くようだったら、「あなたはどういうわけでいつもラッキーなのか」と問うのがいいだろう。人によっては自分の幸運を創り出していることもある。そのやり方に学ぶのがいい。

ステップ3:共有して活用する計画を創り出す

ポジティブMMOTでは、ステップ2で得られた洞察を組織内で共有して活用することが多い。せっかくの成功が組織の中で継承されないことが多すぎる。そのチームの創意工夫が別の部門で再現されなかったり、前回うまくいったやり方を同じような次のチャンスで採用していなかったりするのである。

学習する組織の最大の特徴のひとつは、一度成功したらその経験を組織全体で共有して活用することにある。そうした集団的学習は放っておいて勝手に起こるものではない。組織として規律を持ち、組織的な学習プロセスの中に構造化していく必要がある。ステップ3では、部下やそのチームが成功体験から見出した洞察をどうやって他の仕事にも活用できるかを探っていく。彼らがどう答えるかによって成果を上げたプロセスの決定的な成功要因をどこまで理解しているかが明らかになる。ステップ3では成功要因を突き止め、それを一般的な原理に煎じ詰め、どのように他の領域に展開できるかを考えていくことになるだろう。

ステップ4：フィードバックシステムをつくり有効性を検証する

改善のMMOTでは、新しいパターンを実行して成功させるためにフィードバックシステムを導入することが重要だった。ポジティブMMOTでは、もうひとつ別の目的がある。何が本当に有効か、成功要因を組織内でどう扱っているかを、フィードバックによって検証するのだ。ポジティブMMOTによって成功要因を増幅し、拡大したいのである。組織内の他の人たちも成功から学び、別のやり方を学び、自分のものにしてほしい。個々人の学習体験が組織における集合的な学習になり、組織内の誰もが成長して、誰もが前進できる組織になってほしいのだ。

ポジティブMMOTもまた真実を伝え、現実を正確に見ることからの学習である。マネジャーの中には状況が思わしくないときにだけ真実を伝えるという人たちもいるが、これはよくない。現実を観察するのにネガティブやポジティブのどちらに傾いても、それは組織における率直さを損なってしまうからである。ありのままに本当のことを伝え合うことによって、偏見や政治に関係なく真実が行き渡る。組織の使命を実現するには、どんな場合も真実こそが最も強力な場《プラットフォーム》である。

第6章

クロスファンクショナルチーム（組織横断型チーム）のMMOT——ケーススタディ②

組織における仕事の多くはクロスファンクショルチーム（ＣＦＴ）によって横断的に行われる。したがってＭＭＯＴがＣＦＴをどう助けるかを理解しておくことが大切だ。ＣＦＴは定義上さまざまな部門に属するさまざまな職種のメンバーから成り、共通の仕事やプロジェクトに取り組んでいる。多くの場合ＣＦＴは一時的なチームであり、プロジェクトに応じて結成されたり解散したりする。会社組織を横断する多様なスキルの持ち主が起用され、組織における広範なプロセスの観点から理解する必要がある。チームメンバーの職位はさまざまで、専門領域によって選抜される。

ＣＦＴにおけるプロフェッショナルな人間関係はマネジャーの経験する最も複雑なもののひとつである。チーム共通の目標をサポートしつつ、各自がそれぞれの担当業務をやり遂げるための時間や資源を確保しなくてはならない。ＣＦＴの仕事はメンバーの所属する部門の仕事と衝突することも少なくない。上司は必ずしもＣＦＴの要求に同意していない。ＣＦＴの仕事の成否は、メンバーの評価や報酬と直結していない。多くの場合、ＣＦＴに配置されたメンバーは感謝もされず、どう転んでも何らかの形で割を食う羽目になる。しかし組織にとってＣＦＴは欠かせない。ＣＦＴでなければ多様な人材による協働作業ができないからである。どうやってＣＦＴをもっとうまく機能させたらいいのか。ＭＭＯＴによって本当の課題を組上に載せることができる。何があったらいろいろな人たちの協力を取りつけることができるのか。ＣＦＴがコミットする基本的な成果は組織化原則だ。どういう力学によって複数の競合する目標から引き離されてしまうのかを理解することもまた扱うべきポイントのひとつである。

次の例は、サンディがビルと協力して仕事をする必要があるのに、ビルがどうしてもチームの成果のために時間を割けず、それがないと組織のマーケティング戦略に差し支えるというものだ。

サンディがビルに電話をかけ、ＭＭＯＴが始まる。

サンディ　「前回のＣＦＴ会議で同じ内容を共有していたかどうか確認しましょう」
ビル　「そうしよう」
サンディ　「ＶＰ１１２モジュールの期限３月１日を守ろうということで合意したかしら？」

ビル　「そうだね」
サンディ　「そしてビルは私に仕様の改訂版を先週金曜日までに送るって言ったわよね？」
ビル　「ああ、いろんなことがあってね」
サンディ　「私もそうよ。ただ、確認しておきたいの。金曜日って言ったわよね？」
ビル　「そうだね」
サンディ　「じゃあビル、今このタイミングでこの話をするのはいいかしら？」
ビル　「次の会議が3時半だから、15分くらいあるよ」
サンディ　「ありがとう。先週の金曜日までに間に合わないというのはいつわかったの？」
ビル　「まいったな。つまり、ああ、もう間に合わないぞ、と思ったのがいつかってこと？」
サンディ　「そう！」
ビル　「水曜日のあたりかな」
サンディ　「その時点で私に知らせようとは考えなかった？」
ビル　「うちのジルに連絡させるつもりだった。でもあまりにも忙しくて」
サンディ　「仕様はどうして遅れたの？」
ビル　「データが揃っていなかったんだ。チャーリーが先週病欠で、彼の分が届いていなかった」

サンディ「なるほど。その状況で、どうやって私に仕様を渡そうと考えていたの？」
ビル「すっかり見落としてしまったんだ」
サンディ「こういうことはしょっちゅう起こっていそうね」
ビル「その通り」
サンディ「このプロジェクトを一緒にやっている限り、私はあなたからいろいろと送ってもらう必要が出てくるわ。今回のケースを分析して、今後もっとうまくやれるようにしましょう。いい？」
ビル「わかった」
サンディ「ビル、これは私たちがずっと実施しているMMOTのプロセスよ。いいかしら？」
ビル「そうだね」
サンディ「では私たちはふたりともVP112モジュールの期限3月1日を守る責任があるってことでいい？」
ビル「もちろん」
サンディ「私の担当は、仕様が届いていないために数日遅れよ」
ビル「それは、今日中に届けるよ。それと、先週前もって知らせていなくて本当に申し訳ない。きちんと知らせておくべきだったよ」
サンディ「そう言ってくれてありがとう」

ビル　「さっきも言ったように、僕は忙殺されていて、チャーリーは不在で、君に知らせることもしていなかった。もっと別のことができたかな？　前もって知らせること以外に、他にできたことがあったかどうか僕にはわからない」

サンディ　「期限を守るためには、仕様が必要なの」

ビル　「わかってる」

サンディ　「そして、こういうことはこのプロジェクトの間中ずっと起こるわ」

ビル　「そうならざるをえないね」

サンディ　「3月1日の期限を変更しようとするべきかしら？」

ビル　「それは無理だよ」

サンディ　「期限に遅れることになる？」

ビル　「最後のほうは、いつも通り徹夜でやるしかないだろう」

サンディ　「それはちょっと古くさいわ」

ビル　「だね」

サンディ　「これはデザイン問題かしら。つまりプロセスが悪いのかな？」

ビル　「きっとそうだね」

サンディ　「もし終盤の徹夜で本当に何とかなるんだったら、向こう数週間にその時間を割り振ったらいいはずよね？」

ビル　　　「そうだね」
サンディ　「どんなことをやる必要がある？」
ビル　　　「そう言われたら、パッケージのデザイン作業を前倒しにして片づけておいたらいいね。いつも後回しにされてる作業だよ」
サンディ　「いいわね」
ビル　　　「それと短期契約を数名雇ってプログラミングの支援をやってもらおう」
サンディ　「予算はあるかしら？」
ビル　　　「あるよ。いつも使わないだけだ。でも予算はあるし、使えるよ」
サンディ　「次のＣＦＴ会議までにロジスティクスを計画し直して準備しておくのはどう？」
ビル　　　「僕らふたりでやる？　それとも他に誰か呼ぼうか？」
サンディ　「そうね、ロンも巻き込んでおきましょう」
ビル　　　「いいね。君が設定する？」
サンディ　「いいわよ。じゃあ今のやりとりをメールで送っておくわ。記録になるし」
ビル　　　「ありがとう」
サンディ　「そして私がメンバーを集めて作業プロセスを再設計するわ」
ビル　　　「いいね」
サンディ　「ただ、これをやるうえで連絡を絶やさないようにしましょう。みんな忙しいし、放っといたら徹夜とか、ろくでもないことになるってわかってるわ。私たち何人かで仕事のやり方を考え直して、最悪の事態に陥らないようにするのよ。パッケージデザインは、あとで面倒なことにならないように、すぐ取りかかりましょう。それと毎週明けに打ち合わせて進捗を確認しましょう」

ビル「いいね。素晴らしい」

サンディ「忙しいときにありがとう」

ビル「こちらこそ。さあ始めるぞ」

サンディ「私もよ」

ビル「じゃあ、また」

MMOTを活用することでCFTが成功するか失敗するかが左右される。きちんとデザインされたCFTには明確な権限を持つオーナーが存在するものだが、それは組織階層の職位の上下で決まるのではなく、プロジェクトの目指す成果に鑑みて最適な責任者が選ばれる。

CFTにMMOTを活用する場合、上下関係を表す肩書ではなく、プロジェクトの要求とチームへのコミットメントによって運営されることになる。

効果的に活用すれば、MMOTは成果を生み出そうとする各自の責任によって、それにふさわしい期待を形成していく。

ＭＭＯＴの４つのステップを使うことで、自分の仕事がチーム全体にどんな影響を与えているのかを認識できる。横の関係はモチベーションに大きく影響する。お互いが責任を果たすことをお互いに期待し合うのだ。

チームのリーダーとメンバーでＭＭＯＴをやることも多いが、先の会話例にもあるように、横の関係にあるメンバー同士で率直にＭＭＯＴを行うのも効果的である。

チームのＭＭＯＴの会話は簡単ではない。しかし、今の現実を基礎とし、チームの成功を共通目標とすることで、偉大な成果を生み出すことが可能になる。相手を責めるのをやめ、お互いに責任を取り合うようになり、プロジェクトを成功に導くことができるからである。

第7章

現実を探求する質問の技術

ＭＭＯＴで現実を探求するのに効果的な４種類の質問がある。**情報質問、解明質問、含意質問、齟齬質問**の４つである。

情報質問（Information）

情報質問は、ＭＭＯＴを通じて見えてきた映像を拡大する質問だ。詳細を付け加えたり、映像のフレームを大きくしたりすることが多い。情報質問は理解を深めるためにさらなる情報を求めて尋ねる。

「チームで期限を定めました」

「期限はいつ？」（情報質問）

「先週数字が上がりました」

「数字はいくつ？」（情報質問）

「スーザンの代わりの人を雇いました」

「誰を雇ったの？　いつスタートするの？」（情報質問）

情報質問によって正確な情報が得られて映像の隙間が埋まる。次の例にもあるように、情報質問によってストーリーが語られることになる。

「それで、ジョンに今後は期限を守って仕事をするように言いました」
「ジョンは何と言っていた？」（情報質問）
「やってみると言っていました」
「それを聞いてあなたは何と言ったの？」（情報質問）
「やってみるのでは不十分だと言いました。期限が守られることを皆が信頼していて、期限に遅れてしまったらスケジュールが狂うのだと」

「そうしたらジョンは何と？」（情報質問）
「誰だって問題を抱えているが、自分のベストを尽くすと言いました」
「それに対してあなたは何と？」（情報質問）
「もしジョンが期限を守れないなら、期限を守れる別の人を見つけると言いました」
「別の業者を見つけることはできるの？」（情報質問）
「ええ、できると思います」
「探してみた？」（情報質問）
「ラリーが探しました。いくつかいい選択肢があると」
「ジョンとのやりとりはどこまでやったの？」（情報質問）
「ジョンはやってみるとしか言わず、確約しませんでした」
「あなたはどうするの？」（情報質問）
「次のいくつかの受注について別の業者に依頼して、もっと信頼できる人に任せられるか試してみます」

一つひとつの情報質問によって映像が拡大しているのがわかるだろうか。
MMOTでは事実を明らかにする会話が中心なので、ほとんどの質問が情報質問になる。何があったのか、なぜそれが起こったのかを映像にして聞いていく。話に登場するさまざまな要素の関連性を追っていく。相手がどんなタイミングで重要な意思決定を行ったのかを見つけ出したい。そして意思決定に続いて何が起こり、どんな行動がとられ、どういう結果になったのかを知りたいのである。

解明質問（Clarification）

会話の中で意味不明な言葉が出てくることがある。ときにはその言葉を使った本人すらも意味をわかっていないことがある。日常会話ではいちいち言葉の定義を尋ねたりしないだろう。意味がわかったふりをして会話を続けていくことが多い。これは学校で身についた習慣のひとつだ。知っていると褒められ、知らないとけなされる。そこで知らないときも知っているふりをするようになってしまう。知らないことがばれるのは困る。学校ではわからない言葉の意味を尋ねるのを躊躇してしまう。質問すると、勉強が足りないとか、辞書を使っていないとか、誰もが知っている常識を知らない、などと思われるのではないか、と。

社会に出ても同じことだ。不正確で定義不明で無意味な言葉がしょっちゅう使われている。ところが誰もが意味をわかっているふりをしてやり過ごしている。

ビジネス用語の類いは曖昧さの牙城だ。品質《クオリティ》、顧客フォーカス、コアコンピタンス、ディープダイブ、プロセスマネジメント、エクセレンス、ナレッジマネジメントなどの用語が、明快な意味もなしに曖昧な印象を与えるだけに使われていることがどれだけあるだろうか。こうした用語はある種の略語なのだが、もはや略語辞典は失われている状態だ。もともとは意味のある用語だったのに、今は陳腐な決まり文句に成り果てている。

よく使われる「品質《クオリティ》」という言葉をとって考えてみよう。どんな意味なのだろうか。品質という概念は、プロセスを改善して分散値を最小化することで優れた品質を製造ラインに組み込むという、W・エドワーズ・デミング博士による素晴らしいシステムから来ている。統計学者のデミングは、品質レベルを予測可能な高いレベルに保つプロセスを測定する厳格なアプローチを構築した。それによって製造プロセスを再設計し、劇的な成果が上がる。コストを下げながら品質を高め、コントロールが増して分散が減り、欠陥を減らすことができるようになる。デミングは、人がもっと思慮深く、創造的で、観察力を高めることを望んでおり、高いパフォーマンスを上げるには思考停止が敵であり、思慮深さが鍵だと考えた。企業のマネジャーが機械的に手順を追うばかりで、どういう目的や思考のもとに行動をとるのかを理解していなければ、どんな優れたシステムをもってしてもせいぜい凡庸な結果しか出せない。

ところが数十年経過した今、品質活動はすっかり形骸化している。かつて多くの企業は品質担当役員を任命していた。１９９０年代以降この手の役職の多くは潰えてしまった。今や品質活動の残滓《ざんし》はデミング博士の提唱の正反対に堕落している。思慮深さはなくなり、機械的に書式を埋めるだけとなり、製品に高い品質を組み込むことよりマルコム・ボルドリッジ賞を獲ることに意識が向けられる。企業が高品質を構築するのに必要な独創的思考は消え去り、機械的で官僚的な硬直したプロセスは、高品質を生み出すという本来の成果を忘れている。こうなると、品質という言葉を使う人はいったい何を意味しているのだろうか。人によっては具体的なアイデアを表現しようとしていることもあるが、何を言おうとしているのか不明なことも多い。

このように、本来は意味のあることが形骸化してしまうというパターンは珍しくない。MMOTもそういう運命をたどる可能性はゼロではない。形式よりも本質を大切にするには本物の規律が必要となる。そして解明質問は、曖昧になりかねない言葉の意味をはっきりと解明するために使うものである。

今日のビジネス界におけるほど言葉の定義が大切な時代はない。例をあげよう。「モーガン」を名乗る人がネット上で次のオファーをしていた。こういうコンテストである。

【100ドルを勝ち取ろう】

J社の事業が何であるかを150語以内で明確に説明するメールを送ってくれた最初の人に賞金100ドルを進呈します。応募、問い合わせはモーガンまで。

エクセレンスへのこだわり

J社の企業目標のひとつは、主要な顧客との戦略的関係を発展させ、優れた価値のあるサービスを提供する能力で評価されることです。この競争優位性は、当社のコア・コンピテンシーに継続的に焦点を当て、当社の事業のすべての部分において卓越した業務およびプロセス管理の開発、ベストプロセスの特定と適用、直接および間接コスト管理に継続的に注意を払うことによって達成されます。コア・コンピテンシーへの注力は、J社の戦略計画「J－２０００」の信条と一致する選択的な領域への知識の集中を促進します。経営陣は、経営陣と技術陣の継続的な拡大、ベンチマーキングや継続的改善などの企業品質プログラムの一貫した適用により、すべての事業分野における業務とプロセス管理の卓越性を実現し、各コア・コンピテンシーにおけるJ社の優れた業務プロセスを確立していきます。また、直接費・間接費の管理を徹底することで、お客様に高品質なサービスを低価格で提供することができます。

21世紀に向けて、J社の目標は、新しい市場への参入、外部からのエクイティファイナンスの獲得、そしてビジネスボリュームの増加です。そのためには、より迅速な行動、より良いコミュニケーション、より緊密な全社的活動の連携が最も重要な課題です。また、既存顧客の成長に注力するとともに、新規開拓の方法を改善しなければなりません。旧来のマーケティング手法に疑問を持ち、販売プロセスを常に微調整していかなければなりません。今後の成功は、サービスの質と、既存の取引先からの追加的な仕事を獲得する能力に大きく依存することになるでしょう。

これまでの当社の強みは、品質、価値、誠実さ、革新性への強いコミットメントによって築かれたものです。経営陣は、当社の戦略的目標と目的を達成するために、適切な技術、人材、インフラストラクチャーへの投資を継続しなければなりません。私たちは、優秀なプロフェッショナルを採用し、高品質で付加価値の高いサービスを提供し続けなければなりません。そして、これらの人材を維持し、意欲を高め、報い、顧客サービスに対する比類なきコミットメントを浸透させなければなりません。

これは極端な例だが、ここまで意味不明でなくても類似のケースはたくさんある。世界的な大手企業の紹介にも少なくない。こういう無駄な言葉遣いに慣れ切ってしまうと、もはや何を言っているのかもわからなくなる。ところが意味がわからなくてもわかったふりをするのが通例なのだ。他の人たちがわかっているふうなのに自分だけがわからないと暴露するわけにはいかない。「王様は裸だ」と指摘しようものなら昇進、賞与、昇格、やりたい仕事などを犠牲にし、自分のキャリアを台無しにしかねない。

解明質問によって意味不明の言葉の意味を明らかにすることができる。

「もっと顧客フォーカスのアプローチが必要だ」

「この文脈で顧客フォーカスというのはどういう意味かな？」

「ＰＪＫ報告が届いたところだ」
「ＰＪＫ報告とは？」

「コアコンピタンス合戦で競合に先を越されている」
「コアコンピタンスというのはどう定義している？」

「もっとリーダーシップが必要だ」
「リーダーシップっていう言葉の意味は知っているが、具体的にどういう意味で言っているのかな？」

解明質問をされることで、答える人はもっと正確に話すことができる。何を言っているのかをもっと理解できるようになる。解明質問をすることで「意味がわからなかったら質問していいのだ」というメッセージを皆に送ることにもなる。逆に、知らないことを知っているふりをするのは駄目なのだ。

含意質問（Implication）

多くの場合、人は自分がどう考えているかをはっきりとは言わずに、情報、アイデア、想定、概念、自分の見解などを暗黙に伝えようとしている。自分が何を考えているかを隠す習慣があるのだ。これも真実を見出すのを難しくする要因である。たいていの組織で横行する慣習だが、それに気づいている人はほとんどいない。つまり、たいていの人は悪気なしにやっている。自分にどんな思い込みや観念があるかに気づいていない。だから自分の思い込みを暗黙に伝えることになっているのである。

日常業務において、思い込みは暗黙の「含意」として表現されている。はっきり言うのと違ってわかりにくいので、含意は無視してしまいがちだ。しかし含意質問を使うことによって、人の発言の背後にある含意を明らかにし、明示的に扱えるようになる。

「このプロジェクトのリーダーにボブが適任だと思う?」（含意：ボブは不適任）
含意質問：「何が心配なの?」

「人に完璧を期待するわけにいかないよ」（含意：我々は要求が強すぎる）
含意質問：「我々は要求が強すぎるかな?」

「とうとう彼にもできたね」（含意：過去にはできていなかった）
含意質問：「それは珍しいことなの?」

含意質問によってトピックを完全に俎上に載せるので、相手の話全体を扱うことができるようになる。もし会議を録音して発言内容を分析したら、多くのことが暗黙に語られている、つまり含意されていることに気づくだろう。含意質問をすることで暗黙のメッセージが明示的になり、もっと明確に話し合うことが可能になる。

含意質問には「含意に気づく」「その含意が正しいかを尋ねる」というふたつのステップがある。

不思議なことに、自分が何を含意しているのかわかっていない人が多い。思い込みがあまりにも深く思考の中に埋め込まれているために、そこに思い込みがあることに気づいてすらいないのだ。含意を指摘すると、本人はその含意に同意することもあれば、同意しないこともある。含意質問によって基本的な想定や観念を考え直すチャンスになるのである。

典型的な含意質問の例を示そう。

「市場に参入するのが遅すぎた」

ステップ1：何が含意されているのか？

この発言に含意されているのは、もっと早く市場に参入していたら、もっと成功のチャンスがあったはずだ、という考えだ。この考えが埋め込まれていると気づいたら、次のステップに進むことができる。含意質問をするのである。

ステップ2：含意質問

「もっと早く参入していたら、もっと成功のチャンスがあったかな？」

自分の発言の含意に同意していればイエスと答えるはずだが、実際には「もっと早く市場に参入していれば成功していたはず」という含意に同意していないかもしれない。どちらにせよ、含意質問によって基本的な想定・観念・信念が暴かれ、往々にして素晴らしい洞察や創造性への扉を開くことになる。

私たちは自分の思い込みに気づいていないことが多い。あまりに当たり前のことだと思い込んでいるために疑問をさしはさむこともなく、思考プロセスの中に埋め込まれているのだ。こうした思い込みは盲点になりかねない。気づかないうちに自分の思い込みを当然正しいと前提して思考してしまう。MMOTでは、自分の思い込みにスポットライトが当たることがある。思い込みの中には正しいものも存在するが、多くの思い込みは間違いだということが判明し、私たちは混乱に陥ることになる。まさか自分の思い込みが途方もない勘違いだったとは思わず、思考の前提が崩壊し、動揺するのである。

実のところ、古い思い込みを見直して考えを変えるのは、人生の中で最もエキサイティングな瞬間だ。たとえば科学は、古い思い込みを見直して新たな結論を見出すことによって、繰り返し進歩してきた。偉大な創造的科学者たちは、古い因習を信じる人々の独断的な信念を覆して、新しい洞察を生み出してきた。ガリレオ、ニュートン、アインシュタインの例を見てもわかるように、科学の歴史は、古い前提に挑戦し、再考することで劇的な変化を遂げている。

トーマス・クーンは著書『科学革命の構造』でこう述べている。

「既存の科学的実践の伝統を覆すような異常事態を専門家が回避できなくなったとき、ついに専門家を新しい責任と科学の実践のための新しい基盤へと導く、並外れた調査が始まる。このような職業上の責任の転換が起こる特別な出来事が『科学革命』として知られている。それらは伝統に縛られた通常の科学の活動を補完し、伝統を打ち砕くものである」。この原則が科学にとってそれほど有益なものであるならば、保守的な同調圧力の強い組織において、古い思い込みを見直して新しい結論を見出すことがどれほど価値あることになりうるかを考えてみてほしい。

たいていのイノベーションは古い思い込みを見直すことから生まれる。たいていの効果的な事業戦略は、業界の常識を見直すことから生まれる。たいていの革命的なビジネスの進歩は、古い前提を探求し、顕微鏡にかけ、妥当性を検討し、厳格なプロセスを経て、過去にしがみつく人間たちが想像もできなかった新しいアプローチを生み出したことによるものだ。市場の変化によって業界の巨人たちも倒されてきた。かつてワープロ市場はＷａｎｇが、コンピューター業界はＤＥＣとＩＢＭが独占していたことを思い出せるだろうか。パーソナルコンピューターは市場の力学を変え、誰もがコンピューターを持つと想像して世界を変えた。Ａｍａｚｏｎは本の流通を見直し、今ではエンターテイメント業界が商品をオンラインで提供する方法を見直している。スティーブ・ジョブズは先見の明のあるビジネスリーダーが古い前提を見直す好例であり、ｉＰｏｄによってソニーのウォークマンの支配を破壊した。

齟齬質問(discrepancy)

人は矛盾したことを言うことがある。齟齬質問は矛盾を解消するものだ。たとえばこれはどうだろうか。

「去年は素晴らしい年だった。売り上げが落ちた」

素晴らしい年と売り上げの減少は食い違うように聞こえる。この齟齬をどう捉えたらいいのだろうか。ふたつの可能性がある。両者のどちらかが間違いか、あるいは隠れた第三の情報があって齟齬を説明するかである。

どちらかが間違い

「売り上げが落ちたのにどうして素晴らしい年だったの？」（齟齬質問）

「素晴らしい年だって言ったかな？　それは前の年だよ。去年は最悪だった」

あるいは

「売り上げが落ちたって言ったかな？　売り上げは上がったよ」

第三の情報が齟齬を説明する

「去年が素晴らしい年だったのは、特許を取得して、競合他社がこぞって当社に使用料を支払うことになったからだよ。だから売り上げダウンは問題じゃなくて、他社が売れば売るほどうちの利益になってるんだ」

もうひとつの例をあげよう。

「ビルのコミュニケーション力は最悪だけど、このプロジェクトのリーダーにふさわしい」

「コミュニケーション力が最悪なのに、どうしてビルがプロジェクトのリーダーにふさわしいの？」（齟齬質問）

一部が間違い
「ビルのコミュニケーション力が最悪だって言ったかな？　それはジョンのことだよ。ビルのコミュニケーション力は最高だ」
「ビルがリーダーにふさわしいって言ったかな？　彼は不適格だよ」

第三の情報が齟齬を説明する
「このシステムに詳しいのはビルだけなんだ。それにチームのサポートがあればビルは仕事できるよ」

このふたつの例では、ひとつの発言の中に矛盾が含まれている。通常はもっと長い話の中に矛盾が潜んでいることが多い。何かを発言した30分後に矛盾することを発言したりするのである。注意深く耳を傾け、話をしっかり映像化していれば、齟齬は火を見るよりも明らかとなる。

グループとの対話では

齟齬質問を使ってチームとの対話を進めることもできる。メンバー同士がいつも同意するわけではない。異なる見解が展開され、誰が正しいかが争われる。議論になると反対意見に耳を傾けていない人たちが多い。一人ひとりが自分の主張を通そうとし始めるからである。

会議を録音して分析すれば、メンバー同士でほとんど質問をし合っていないことに気づくだろう。そして質問をしているときも、答えを決めつけていることが多い。

齟齬質問を使うことによって、こうした会議を効果的に転換することができる。議論の応酬ではなく、知恵を集めて探求するプロセスになる。基本的な齟齬質問は「この複数の食い違う視点をどう理解したらいいのだろうか」と言うものだ。それによって、誰の議論が正しいのかを争うのをやめ、何が食い違っているのか、どうして食い違っているのかを見極めることができるようになっていく。

「あなたと私とでは見方がかなり違うようだね。私に見えていないことであなたに見えていること、あなたが見ていないことで私に見えていることは何だろうか」

お互いの視点を理解し合い、齟齬を解消しようと決めることによって、自分の主張を通そうとする気がなくなる。チームで力を合わせて現実を探求していくことができるようになる。

齟齬質問は、見解の相違を浮き彫りにして解消しようとするものだ。アイン・ランド〔訳注：ロシア出身のアメリカの思想家・作家・哲学者。著書『SELFISHNESS 自分の価値を実現する』（Evolving）ほか多数〕はよく「前提をチェックしなさい。矛盾は存在しないものだ」と言っていた。つまり、矛盾と思われるものは認識の誤りや誤情報であって、もっと知的な厳格さをもって現実を吟味することによって矛盾の正体を突き止めることができるというのである。

アイン・ランドは、食い違いがあるのは現実の把握が甘いからだ、と結論している。私たちの経験では、齟齬を解消すると劇的な学習が起こる。現実の客観視を難しくしていた自分の思い込みに気づくこともある。もうわかっていると思っているとき、私たちは重要な質問をやめてしまう。思い込みと事実を混同し、それが偏見になる。もう答えを知っていると思っていたら質問などしないものだ。だから私たちは自分の思い込みをしっかりと現実に照らして吟味しなくてはならない。自分の思い込みが正しいとどうしてわかるのか。どこに証拠があるのか。

思い込みが都市伝説になると、歯止めが利かずにそこらじゅうに蔓延し始める。都市伝説には証拠もなく、真実ではないにもかかわらず、それを聞いた人は他の人に吹聴したがる。

たいていの組織には独自の都市伝説が存在する。目の前の事実と食い違う見解を平気で抱き続けるマネジャーも多い。そういうとき、彼らは現実を見る代わりに現実についての観念を抱いていることがわかる。

こうした都市伝説、企業伝説の類いは、ＭＭＯＴで齟齬質問を使うことによって暴くことができる。自分の印象と実際の事実とが食い違うとき、それをどう理解したらいいのだろうか。もし証拠がそこに存在しなかったら、印象は真実に基づいたものではない。

「事実ほど面白い物語を台無しにしてしまうものはない」と言う人がいる。企業伝説は面白い物語だ。ある大手の製薬会社のマネジャーの多くが企業伝説を信じていたことがある。社内の研究開発チームの研究者たちは管理職として真っ当な責任を負わずに遊び呆けていて、出勤している時間の半分はワインを飲んでいる、という伝説である。

こんな馬鹿な話をまともな大人が真に受けるわけがない、と思うかもしれないが、当時は会社中に広まった噂である。もちろん研究開発チーム以外で、だ。ある会議でワインの話が持ち上がったとき、ひとりのメンバーがこう言った。「うちの夫は研究開発チームですが、ワインなど飲んでいないし、非常に一生懸命仕事をしています」

人間の意識には、食い違いを解消し、秩序を生み出そうとする性質がある。そして最も簡単な解消方法は、都合のいい仮説を見つけて説明することだ。マネジャーとして私たちが身につけるべき規律は、事実と仮説の違いを理解することにある。理論、憶測、推測と厳然たるデータとの違いを知らなくてはならない。

どんな状況においても私たちの理解には穴が空いている。それはいつでもそういうものだ。放っておけば私たちは空いている穴を推測で埋めようとする。そこで私たちは、自分がどんな偏見を持っているのか、どんな根拠で結論を出しているのかをはっきりさせる必要がある。その探索に役立つツールが齟齬質問である。

質問すること

質問することはマネジャーとしての決定的規律のひとつだ。質問することによって情報、理解、洞察、知識、統計データ、事実、事の本質を引き出すのである。マネジャーが自分の仕事のスタイルとして質問を使い始めると、新しい世界が開けていく。プロセス、意思決定、指針、出来事、システムなどを深く理解するためにマネジャーが重要な質問をすると、注意深い思考プロセスをガイドすることになる。慣れないうちは質問が嫌がられることもある。余計な口出しをしてほしくないと思う部下もいる。相手が質問に答えるのを嫌がっている状況から生まれた典型的なＭＭＯＴの会話は次のようなものだ。


「ベンソン社の契約は大丈夫かな?」

「大丈夫です」

「契約条件に先方は合意してるの?」

「ですから、大丈夫です」

「じゃあ合意してるのかな?」

「いえ、まだです。でも大丈夫ですから安心してください」

レストランの厨房に「デザートはどうなってる？」とウエイターがうるさく声をかけ、シェフが「厨房に入ってくるな」と追い払っている、という図である。

この会話の副音声を追加すると、次のようになる。

「ベンソン社の契約は大丈夫かな？」
「大丈夫です」（口を出さないでくれ）
「契約条件に先方は合意してるの？」
「ですから、大丈夫です」（口を出さないでくれ）
「じゃあ合意してるのかな？」
「いえ、まだです。でも大丈夫ですから安心してください」（口を出さないでくれ）

この会話はＭＭＯＴへとつながる。

「どうやらＭＭＯＴが必要だ。実際のところ、契約プロセスの最終成果の責任者は私だ。そうだね？」（情報質問）
「はい」
「そして私が契約プロセスの状況について質問したとき、あなたはそんな質問をするなという

トーンで返事をした。そう思っているのかな？」（含意質問）
「いえ、ただ私は契約を結ぶことについて信頼されていないように感じただけです」
「どうしてそうなるかな？」（情報質問）
「いちいち進捗を確認されるからです」
「進捗を確認するのは私の仕事のうちだよ。事実がわからなかったらどうやって進捗を知ることができるのかな？」（情報質問）
「進捗報告が必要ですか？」
「そうしてほしい。さて、ポイントはこれだ。今どういう状態か私は質問して確認している。このやり方を変える必要があるのか。あなたの担当部分と他の人たちの担当部分が整合しているかを確認している。わかるかな？」（情報質問）
「はい」
「だから現実はこういうことだ。私はマネジャーの仕事として質問しているが、あなたはそれを信頼されていないからじゃないかと思っていた。そういうことで合ってるかな？」（情報質問）
「ええ、そうですね」
「この状況から何に気づいているかな？」（情報質問）
「私は信頼されていないと思って警戒していたということです」
「そして今こうして事実が明らかになったらどうかな？」（情報質問）

「ただ進捗確認のためにたくさん質問されていた、ということですね」

「そうだね。私が質問するのは信頼していないからではない。事実を確認するために質問しているんだ。それによって仕事の進め方を調整したり、計画を考え直したりすることにもなるからね」

「わかります」

「だから次に私がたくさん質問し始めたら、それがどういう意味と理解できるかな？」（情報質問）

「事態を把握しようとされているわけですね」

「その通り！」

「わかりました」

「よかった。じゃあ、ベンソン社の契約はどうなってるかな？」（情報質問）

組織の中で厳格な問いかけをすることが日常になると、人は学び、探索し、研究し、成長し始める。MMOTそのものと同様、お互いに質問し合うことは慣れないうちは難しいが、身についてしまうと離れられない習慣になる。いったん慣れてしまえば、新しいマネジメントの習慣がしっかりとした基礎に支えられるようになる。

質問は本物の対話と探求のためのパワフルな道具立てだ。質問によって、普通では見えなかったことが見える位置に立てるようになる。質問は私たちを新しい領域へと導いてくれる。質問は新たな可能性の世界を切り拓く。質問はＭＭＯＴの成功の鍵である。

第8章

常習犯の部下のMMOT――ケーススタディ③

MMOTの中にはあからさまな対立を伴うものもある。次のケースは、デイブとその上司テリーのMMOTである。デイブの仕事ぶりには一貫性が欠けており、報告書に重大なミスがあることも少なくない。これまでデイブの仕事のパターンを改善しようとする試みは失敗に終わってきた。デイブは決して反省することがなく、平謝りを繰り返し、他人のせいにし、次はちゃんとすると約束していた。このケーススタディでは、テリーが初めてMMOTを使ってデイブを指導する。これまでテリーはああしろ、こうしろ、と行動レベルの指導に終始してきた。デイブはいつも自分が状況の犠牲者だという立場を変えない。また、自分を助けようとする人がいると、その相手に仕事の責任を預けようとする。デイブには才能があるものの、取り組み姿勢が悪く、高いパフォーマンスを上げているとは言いがたい。

テリーは部下を追い詰めることをせず、率直で客観的な態度をとっている。そうはいってもデイブにとって楽な会話ではない。ＭＭＯＴを通じてテリーはデイブが自分の主観を減らし、客観的になる手伝いをしていく。ＭＭＯＴのステップを順々に踏んでいき、デイブの悪い癖が出たりした場合、もし必要なら前のステップに戻る。

発表したばかりの重要な報告書に、４つの重大なミスが見つかった。単なる打ち間違いなどではなく、データに間違いがあったのだ。この報告書は重要な方針や戦略を決定するために使われている。間違ったデータに基づいて戦略的意思決定が行われたら深刻な影響がありうる。テリーは報告書を手にしてすぐミスを見つけた。報告書を読む幹部陣もまたミスを見つけた。これまでテリーは、親身になったり厳しく叱責したりと、手を替え品を替えてデイブの指導を試みてきた。どんなアプローチをとっても結果はいつも同じだった。一時的に改善したあと、すぐに元のパターンに戻るのである。

今回のＭＭＯＴでは長続きする本物のインパクトが見られた。デイブはマネジャーとして成長し、首尾一貫した仕事のパフォーマンスを上げることができるようになる。ただ叱り飛ばすのではなく、ＭＭＯＴを行うことによって、テリーはデイブの考え方や仕事のやり方に致命的な欠陥があることを明らかにした。次に紹介するのは、最初のＭＭＯＴセッションである。このあとたくさんのフォローアップが行われ、１回目のセッションの結論を定着させることになった。

ステップ1：現実を認識する

テリー「今日話したかったのは、出したばかりの報告書に4つミスが見つかったからなんだ」

デイブ「本当ですか。ミスなんてないと思いましたよ」

テリー「実際には4つミスがあったんだ」（そう言ってデイブに報告書を手渡す。デイブは手にとって該当ページを確認する）

デイブ「申し訳ありません。こんなミスがあったなんて……」

テリー「これは君のパターンのようだね」

デイブ「どういう意味ですか？」

テリー「発表した報告書の類いにミスが見つかったのは今回が初めてではない、ということだよ。そうだよね？」

デイブ「ええ、それは、そうですね。大変申し訳ありません。全く面目ありません」

デイブは申し訳ないという自分の気持ちを持ち出して現実逃避しようとしている。大変申し訳ないと恐縮していれば責任を認めているという考えである。テリーは、デイブがいくら気持ちを表明したところで、それが現実認識の証拠にはならないとわかっている。次の会話で、テリーが部下の気持ちを認めたうえで、報告書についての現実と、それがこれまでのパターンの一例でしかないことをはっきりさせようとする。

テリー「君が申し訳なく思っているのはわかるよ。しかし君の担当の書類にミスが見つかったのはこれが初めてではないと言って正しいかな?」

デイブ「はい。でもそれはアルのせいなんです。前にもお話しした通りです。アルが頼りないのと、人手が足りないっていうことです」

デイブは自分の部下のせいにし始めた。テリーはこれに引きずられることなく、ステップ1の現実認識を続けていく。

テリー「どういうわけでこうなったのかについてはすぐあとで話をしよう。今まず確認したいのは、今回の報告書やこれまでの書類にミスがあって、それが君の責任だということだ。それは事実だね?」

デイブ「ええ、そうですね」

テリー「わかった。君がこの報告書の責任者だということで合ってるね?」

デイブ「はい、そうです。本当に面目ありません。でも僕はもっと人手が必要だし、アルの交代要員も必要です」

テリー「そうなのかもしれないが、その前に今回の報告書を私や他の人たちが読んだらミスがあるのに気がついたのに、君は気がついていなかったというのはどういうわけなのかな?」

デイブ「ミスがあるとは思っていませんでした」

テリー「しかし今も見た通り実際には4つのミスがあった。どうして見落としたのかな? 何も君をいじめ抜こうとしているわけじゃないよ。ただ一緒にこのパターンを解明しようとしているんだ。報告書に4つのミスが含まれていたことには合意するかな?」

デイブ「はい、今わかりました」

テリー「よし。じゃあ何が起こったんだ?」

ステップ2:仕事の思考プロセスを分析する

デイブ「部下を信頼していました」

テリー「報告書に目を通していなかったのか?」

デイブ「他にもやることが山積みですから、ざっと見ただけでした」

テリー「なるほど、そういうことか。もし報告書に目を通していたら、君も私や他の人たちと同じようにミスに気づいたかな?」

デイブ「そうですね」

テリー「わかった。そしてミスを見つけていたら、どうしていたかな？」
デイブ「見つけていたら発表する前に修正していたはずです」
テリー「そうだね。わかっていたら直していたはずだね？」
デイブ「ええ」

テリーはもう一度ステップ1に戻り、現実をもっとはっきりと認識することにした。

テリー「つまり現実についてまとめるとこういうことだ。最近は報告書の類いにミスがあるというパターンが続いていた。責任者は君だ。発表前に君が気づいていれば直していたはずだ。そうだね？」
デイブ「はい」
テリー「これがどうして重大事かはわかっているかな？」
デイブ「ええ、わかっているつもりです。ミスは部門全体の恥です」
テリー「それはそうだ。うちの会社は卓越した仕事をすることにコミットしているから、こういうミスは許せないものだ。しかしもうひとつ、もっと重要な理由がある。うちの報告書に基づいて読んだ人たちが大切な意思決定をしているんだ。もしデータが間違っていたら正しい意思決定ができない。最近の報告書には間違ったデータが載っていた。これは組織だけでなくビジネスに損害を与えることになる」

デイブ「わかりました。本当に申し訳ありません」

デイブはまたもや謝罪をして自分の申し訳なさを伝えた。テリーはそこから次へとステップを進める。

テリー「いいかな、ここでやろうとしているのは、君が仕事のプロセスをどう考え、どんな意思決定をしたか、振り返って学ぶことだ。何があったのかな？」

デイブ「アルのせいなんです。それと人手が足りません」

テリー「私がここまで理解したのは、もしミスを見つけていれば発表する前に直していただろう、ということだ。そして君も報告書を読んでいればミスを見つけていただろう。それで合ってるかな？」

デイブ「はい」

テリー「じゃあ君のマネジャーとしての思考プロセスを振り返ってみよう。それがわかれば改善を考えられるからね。まずこの仕事を引き受けたとき、最初にどうプランニングしたのかな？」

テリーはデイブが部下のせいにし始めたのをやり過ごし、「逐一」で振り返ることを始めた。

デイブ「部下を集めて報告書の仕事について説明しました。一人ひとりに役割を与え、アルがまとめる役でした」

テリー「君はアルを頼りないと言っていたよね。どうしてアルを担当にしたのかな?」

この齟齬質問を手始めにしてテリーはデイブの思考プロセスを明らかにしていく。

デイブ「人手が足りないんです」

テリー「そうなのかもしれないが、仕事を引き受けたときに人手は増やせなかった。それで、どうしてアルを担当に?」

デイブ「だって、それが彼の仕事でしょう?」

テリー「報告書をまとめる仕事をアルの担当にしたとき、彼がちゃんと仕事をできると思ったのか、それとも思わなかったのか、どっちかな?」

デイブ「そこはアルですから、心配はありました」

テリー「心配があったのなら、どうやってプロセスを管理するつもりだったのかな?」

デイブ「私自身はいつも多忙ですから、アルが70%やってくれたら、残りの30%は誰か別の人がやったらいいと考えました」

テリー「君自身は何をするのかな?」

デイブ「最後に報告書ができたことを確認します」

テリー「残りの30%は誰がやるのかな?」

デイブ「スーザンです」

テリー「彼女には何と?」

デイブ「報告書の仕上げをするようにと言いました」

テリー「スーザンはそれをどういう意味だと受け取ったのかな?」

デイブ「わかりません」

テリー「君はどういう意味で言ったのかな?」

デイブ「僕はスーザンが最後にチェックして、アルができない部分をきれいに仕上げてくれたらと思っていました」

テリー「もしスーザンがそれをやってくれたら、うまくいっていたと思うのかな?」

デイブ「どういう意味ですか?」

テリー「もしスーザンが、アルの仕事をチェックして足りないところをきれいに仕上げてほしいという君の期待を知っていたとしたら、期限に間に合わせ、ミスもなく、責任をもって報告書を仕上げることができたかな? できると思うからスーザンに任せたわけだよね？」
デイブ「もちろんです。スーザンならできます」
最初に思ったよりもデイブの計画は妥当に見える。つまり、アルとスーザンのふたりに分担させたらうまくいくはずだというものだ。しかしデイブはスーザンに仕事で何を期待しているのかを説明していなかった。ここからデイブの失敗パターンが見えてくる。部下に仕事を任せるだけで、実際に何を期待しているのかを十分に説明もしていない。ここでテリーは「もし全部やり直したとしたら」という振り返り質問によってデイブの理解を確かめようとする。
テリー「もし全部もう一度やり直したとしたら、同じ状況で、うまくやることができるかな？」
デイブ「ああ、いくつかあります。自分で報告書をチェックします。ミスがないか確認します。そしてスーザンにきちんと説明して、しっかり仕上げをやってもらうようにします」
テリー「もしそれを全部やったら、どういう結果になっていただろうか？」
デイブ「そしたらこのミーティングをやっていないでしょう」
テリー「ということは、どんな思い込みがあったのかな？」

デイブ「スーザンが何をやったらいいかを把握しているはずだと思っていました」
テリー「この経験から何を学んでいる？」
デイブ「もっと明快に説明する必要があるということです」
テリー「いいね。全般的にそれをする必要があると思うかな？」

テリーはステップ2と3を組み合わせて、デイブの今の思考プロセスを分析しつつ、次にどうしたらいいかの観察を始めている。

デイブ「そうですね」
テリー「どうやってそれをやるのかな？」
デイブ「どうやって？　期待をもっと明確に説明するかですか？　はっきり言ってやったらいいでしょうね」
テリー「やってくれと言ったことを相手が理解したかをどうやって確かめる？」

テリーの助けによってデイブは自分がどう行動したらいいかに想像を巡らしている。こうやってデイブはどうやったら今までよりも効果的なマネジメントが可能になるかを考え直している。

デイブ　「書面で確認します」

テリー　「メールでフォローアップするのがいいやり方だ。打ち合わせでこの話をした、と期待や期限など必要な詳細すべてを送ったらいい。それが記録にもなる」

デイブ　「そうですね」

テリー　「他にどうやったら君の期待が伝わったかどうかわかるかな？」

デイブ　「相手に復唱させて、もし不正確なら訂正します」

テリー　「それはいいね。アルについてはどうかな？　君の期待をわかっているかな？」

デイブ　「アルはアルですから」

テリー　「しかし彼は君の期待をわかっているのか？」

デイブ　「たぶんわかっていないでしょう」

テリー　「君の期待をわかっていなかったら、アルはどうやって君の期待に応えることができるんだ？」

デイブ　「それは……」

テリー　「もしアルに無理だったら交代も考えよう。しかし改善のチャンスを与えるほうがいい。もし仕事の質、期限などについての君の期待をわかっていたら改善の可能性も出てくるだろう。明確な指示を君からもらえていない状況では、アルがどのくらい改善できるかもわからないだろう」

テリーはデイブによるアルの評価に疑いをかけている。デイブは部下に明確な期待を伝えてこなかったからである。明確な期待を伝えた場合にアルが改善するか、改善しないか、どちらかであることをテリーはわかっている。そこでアルを交代させるかどうかを考える前にアルに改善のチャンスを与えようとしているのである。これはテリーがデイブに改善のチャンスを与えているのと同じだ。

デイブ「そうですね。やってみます」

次にテリーは、デイブが責任を持つということがどういうことなのかを示し、明確に期待を伝えるというのがどういうことなのか、見本を示している。そしてテリー自身がどんな役割を演じてデイブをサポートするのかを明らかにしている。

テリー「いいね。さて、ここで理解してほしいことがもうひとつある。君が報告書に責任を持つということは、それが正しく完成することを私が期待しているということだ。君がそれをどうやって成功させるかを一緒に考えることを、私は喜んでやるが、最終的に正しい報告書を完成させるのは君自身の仕事だ。それはわかっているかな？」

デイブ　「重々わかってます」

テリー　「よかった。これまで改善しようといろいろやってきたが、うまくいっていなかった。今回は新たなチャンスだ。お互いにこれまで努力してきたということを再認識しておきたい。そうだね？」

デイブ　「はい」

テリー　「だから今回はこれまでとは違う道を行きたい。お互いに今回はうまくやりたいと思っているはずだ。そうだね？」

デイブ　「もちろんです」

テリー　「では次の報告書はいつかな？」

ステップ３：計画を創り出す

デイブ　「来月1日が期限の報告書があります」

テリー　「このミーティングの前までには、どう取り組むつもりでいたのかな？」

デイブ　「今まで通りにやるつもりでした」

テリー　「今回はアプローチをどう変える？」

デイブ　「まずアルとスーザンを呼んで打ち合わせます。僕が何を期待しているかを明確に伝えます。今回の報告書のミスについて話して、次の報告書は、ミスがなく、正しい情報が載っていて、わかりやすく、図表もよくできていて、高い水準を満たすものにしようと伝えます。作業中も進捗を確認し、きちんと仕上がるように私自身が関わるようにします。最終成果物に目を通すのはもちろん、途中成果物もチェックします」

テリー「もし今のことを全部やったら、今度はうまくいくかな?」

デイブ「そうですね」

テリー「いいね。じゃあ あとで今回話し合った内容をメールで送ってくれないか。今の状況、目指す成果、どうやってここから新たなプロセスでやっていくか。来週の月曜日までに送ってもらえるかな?」

デイブ「もちろんです」

テリー「いいね。そうやってお互いの期待を共有しておこう。大事なことだ」

デイブ「はい。でも人手不足の件についてはどうですか?」

テリー「それは検討しよう。ただし今は人を増やせないと言われている。今の時点では今回の計画がどのくらいうまくいくかわからないから、新規採用を考えるのは時期尚早だろう。今やるべきことは既存の人員でベストを尽くして成果を上げることだ。それを考え抜く作業は私が手伝うよ。いいかな。今回のやりとりの目的はそれだ。君がもっと優れたマネジャーに成長するようにサポートして指導することだよ」

デイブ「わかりました」

ステップ4：フィードバックシステムを構築する

テリー「では最後に、フィードバックシステムを作ろう。新しい計画で君がどうしているかを知っておきたい。来週ミーティングして進捗を報告してくれないか。もし君がマネジャーとして他にすべきことが見つかったら、そのときに話をしよう」

デイブ「はい」

テリー「じゃあ私のスケジュールに登録してもらって、来週ミーティングしよう。このやり方でうまく一緒に仕事していけるようにしたいね」

デイブ「はい、ありがとうございます。私もそう思っています」

この時点から数週間、次の報告書ができ上がるまでテリーはデイブと10分くらいずつ何度かミーティングした。アルとスーザンは一緒に作業し始め、デイブはアルを自分のチームに残すことにした。デイブはMMOTからの教訓を自分のものにして、信頼の置けるプロとして成長していった。取り組み姿勢も変わった。自分を状況の犠牲者だと思うことをやめ、どんな状況に置かれても優れた結果を出すマネジャーになろうと考えるようになった。こうした変化は、MMOTを通じて過去の失敗の要因を理解し、優れた業績を上げるための方法を習得したことによるものだ。仕事のプロセスの成否を分ける要因を軽視するマネジャーが多い。そういう要因を些細なことだと考え、わざわざ深く考えないのである。現実は全くの正反対だ。デイブのかつての仕事ぶりは、自分の無力感を補おうとするものだった。プロセスをどう管理するかを知らず、状況に流されていたのである。テリーの指導によって、自分の仕事のプロセスを理解できるようになったデイブは、自分の感情的反応から離れ、真実とテリーのサポートによって仕事を立て直す力を獲得したのだ。デイブは現実を客観的に評価し、自分の弱みと強みを知り、時間をかけて優れたプロセスをデザインできるようになっていった。

第9章 チーム内の真実

個人の働きは重要だが、それ以上にチーム内のやりとりによって正念場が発生することが多い。チームとは名ばかりで、個々の社員がばらばらに働いていることも少なくない。「君のところが沈んでるよ」と同じ船に乗ったメンバーが言うようなものだ。

ピーター・センゲは著書『学習する組織』で「経営チームの神話」について次のように書いている。

こうしたジレンマや障害と闘おうと足を踏み出すのが、組織のさまざまな職務や専門分野を代表する「経営チーム」だ。経営チームは一丸となって、組織の垣根を超えた複雑な問題を解決するはずだ。

ところがたいていの場合、企業内のチームは、縄張り争いに時間を費やし、自分たちが個人的に格好悪く見えることはすべて避け、あたかも全員がチームの全体戦略に従っているようなふりをする。「まとまったチーム」という体裁を保つのだ。そのイメージを保ち続けるために、意見の不一致をもみ消そうとする。大きな疑問を抱えた人たちは公言を避け、共同決定は、全員が容認できるように骨抜きにされた妥協案か、そうでなければひとりの意見がグループに押しつけられたものになる。意見の不一致があっても、通常、他人のせいにして、意見を二極化させる形で表明され、その根底にある前提や経験の違いを、チーム全体がそこから学習できるような方法で明らかにすることができないのだ。

センゲはいつもの調子でずばりと斬り込む。チームは、その根底の力学に支配されているせいで、共通目標のために力を合わせることができなくなっていることが多い。こうあってほしい、こうなれると思う姿になれないことが多い。**しかし組織の中でチームほど決定的に重要な単位はない**。意思決定と実行はたいていチームを通じて行われる。会社におけるチームの仕事のパフォーマンスを向上することができたら、組織は劇的に効果的なものになる。

チームは通常、無数の正念場を避ける。誰も波風を立てたくないし、空気を乱したくないのだ。自分のミスを指摘されたくないから他人のミスを指摘しない。チームは、個人以上に、葛藤を避けようとする。集団力学によくあるパターンとして、会議が時間切れで終わろうとするまで、最も重要な、物議を醸すトピックに誰も触れない、というものがある。もう話し合う時間がないというタイミングになって初めて誰かがそれを持ち出すのだ。

しかしチームの力学は変えることができる。相乗効果、勢い、高いレベルの協力や意思統一が可能な環境を創り出すことができる。真実を伝えることこそが最も基本的な条件だ。真実を伝えることなしにはチームを変えることができない。

もう何年も前から、経営チームをアウトドア活動に連れ出し、急流下り《ラフティング》などを通じて「チームビルディング」をさせるという演習が行われている。大自然の中に入れば、チームはひとつになる。人々は互いに協力し合い、足並みを揃え、優れたチームパフォーマンスを発揮することができるようになる。しかし組織に戻ると、すぐに元のパターンに戻ってしまう。このようなチームビルディングの経験から、私たちは何を学ぶことができるだろうか。まるで足並みが揃わないチームが、環境さえ変わったら見事なパフォーマンスを発揮するチームとしてまとまる。また、個々のメンバーがチームの邪魔をしているのではなく、組織環境が邪魔をしているのだということもわかる。したがって環境を変えれば、チームのパフォーマンスを変えることができる。

アウトドア活動のチームビルディング
目標、役割、ルールが明確
成果を実現するために作業が行われる
お互いに本当のことを言い合う
全体状況に合わせて資源を配分する
利害の対立を解消しようとする
お互いの考えを探求し合う

会議室の経営チーム
目標、役割、ルールが不明確
問題を解決するために作業が行われる
葛藤を避ける
自分の資源を囲い込む
利害の対立から目を背ける
各自が自己主張を展開する

チーム内のMMOT

チームにMMOTを導入するとチームが一変することがある。自ずと学習プロセスが動き出すのだ。MMOT以前は、各自が自由に自分の意見を言えるというだけでオープンな関係性だと思い込んでいる。ところがMMOTを始めると、メンバー同士がお互いの考えを探求し合い、知恵と力を集め始める。何度かMMOTをやるだけで目から鱗が落ちる。お互いの関係性や置かれた環境についての理解が深まる。本当の利害対立を発見して、解消することができるようになる。かつては囲い込んでいた自分たちの資源を、全体のために開放して共同で活用できるようになる。それぞれが目指していた成果目標について混乱があれば、それを取り上げて解消することができる。各自が現実をありのままに見て、現実の変化も把握できる。失敗も成功も学習体験となり、集合的な学習・調整・パフォーマンス向上のために役立てることができるようになる。

どうやってチームのMMOTを行ったらいいのか

チームの中のどのマネジャーがリードしてもMMOTを実施することができる。チームのリーダーが実施することが多いが、リーダー以外のメンバーによってパワフルで学び豊かなMMOTが実施されることも多い。4つのステップによって情報を切り離し、トピックが脱線しないようにすることができる。現実認識（ステップ1）は、チームで力を合わせて現実を探求するプロセスになる。現実は実際のところどうなっているのか。どんな証拠があるのか。あらゆる本質が見えているのか。データは正しいものか。どうやってそれが正しいとわかるのか。チームの思考プロセスの分析（ステップ2）は、一歩ひいて自分たちのマネジメントスタイルの全体像を大局的に客観視するチャンスになる。すると、自分たちの仕事のやり方を変えること（ステップ3）は自明となることが多く、容易に実行可能になる。継続的なフィードバックの仕組み（ステップ4）は定例会議のスケジュールに組み込まれ、誰もが自分の仕事のアプローチに自覚的になり、必要な調整を行えるようになる。

ある大手ハイテク企業の経営幹部が、機能横断的な製品チームに新製品の導入を検討するよう助言した。そのチームは、マーケティング、財務、製品開発、営業などの担当者で構成されていた。チームは、幹部からの助言をまるで自分たちへの命令のように受け止めた。提案された新製品のビジネスケースを作成し、パワーポイントを使ったプレゼンテーションを延々と続けた。決断を迫られるたびに、チームは賛否両論に分かれる。賛成の数だけ反対があり、反対の数だけ賛成があった。チームは決断を下すことがますます難しくなっていく。チームのメンバーは自分たちのことを「空回りしている」と表現していた。最初のMMOTの直前までフラストレーションを抱えていたのである。

何度も何度も実りのない会議を重ね、そのたびにフラストレーションが溜まっていたとき、メンバーのひとりが素朴な疑問を投げかけた。「対象顧客は誰なのか」と。これはあまりにも基本的な問いであり、プロセスの早い段階で聞くのが当たり前のように思える。しかし大きな組織でよくあるように、チームは上席の幹部からの助言を従うべき指示と思い込み、新製品導入を至上命令と受け取っていたのだ。だから彼らは必要な問いかけをすることもなく、新製品の背後にある肝心のアイデアを理解することもなく、何をやっているのかもわからないまま業務に邁進していた。

この素朴な問いを受け、チームは正式にMMOTのプロセスを開始する。最初に行ったのは自分たちの現状を認識することである。すなわちグループとして何を達成しようとしているのかをはっきりわかっていないということだ。彼らは今までの仕事が疑わしい仮定に基づいていていたことに驚き、当惑する。そして「対象顧客は誰なのか」という問いが出たときのことを「『王様は裸だ』時間」と呼んでいた。

しばらく黙って部屋を見渡していた彼らは、やがて笑い出した。ようやく光が差し込み、これまで何度も同じパターンを繰り返してきたことを悟ったのである。きちんと理解しないまま仕事に邁進するという、過ちのパターンを。これはチームにとっての正念場であり、これによって仕事のパターンを変え、プロとしてのお互いの関係性も変わったのだ。

チームはしっかりと現状を認識し直し、自分たちに理解が欠如していたことや、その結果「空回り」していたことも悟った。現状に至る自分たちの思考プロセスを分析し、そこに潜んでいたいろいろな思い込みも検証した。思い込みの多くは間違いであり、不完全な想定だったのである。

また、チームは「外」を無視して「内」のロジックで動いていた。市場の現実を見ず、競合を見ず、上からの命令だと思い込んだことに盲従していた。そしてMMOTを経て、もともと幹部からの助言は助言でしかなく、命令ではなかったことに気づく。幹部はよかれと思って助言しただけで、まさかそれが命令と受け取られるとは夢にも思っていなかったのである。チームは、これが愚かな集団思考の一種であり、仕事の前提となる基本的な考え方を変える必要があることに気づくことができた。

そして彼らは「対象顧客は誰なのか」という当初の問いに取り組み始める。この問いを真剣に受け止めた彼らは、次のミーティングに関連データを持ち寄り、理解を深めることができた。これがどれほどのビジネスチャンスなのか、自社に競争力が備わっているのか、を分析した。過去この手の市場では自社が実績を上げていないことも明らかになる。競合他社を分析し、自社を分析し、これまでになく客観的に観察した。

以前は難しい意思決定を嫌がり、自説を主張し合い、憶測ばかりを重ね、健全な自己批判ができなかったチームが、今では憶測と縁を切り、リアルなデータを重視し、本物の探求をするために互いに気兼ねなく物を言い、真実を求めて一緒に物を考えるようになっていた。そして実行段階に入ったチームは、率直な対話と探求ができることから、効果的に業務を遂行できるようになっている。

MMOTはチームを激変させた。幹部からの助言を検討し直し、それがいい助言だと判断した。厳しい自問自答を重ね、競合他社が自社よりも強力だと見るや、「我々には何が欠けているのか」と自問した。真剣な検討を経て、本物の理解に達し、しっかりとした規律と有能さを身につけるに至った。そして最終的に新しい事業展開に成功したのである。

チームが力を合わせて現実を探求しないことには、あからさまな現実を見落とすことがよくある。メンバーのひとりかふたりが気づくだけでは足りない。全員が現実を見て、チームとして洞察を共有しなくてはならない。それがなくては単なる意見交換に終わり、お互いが自説を譲らず、本当のチームの探求プロセスにはならないのである。

経営幹部チームのMMOT

プロジェクトチームばかりではなく、組織内のあらゆるチームでMMOTは役に立つ。経営の正念場に立つ経営幹部チームも同様である。

通常、経営幹部のチームは、一人ひとりの幹部がそれぞれの職掌におけるリーダーであり、他の種類のチームのように力を合わせて同じ仕事に取り組んでいるわけではない。その代わり、幹部チームは会社の全体戦略のプランニングから実行までに責任を持っており、他の種類のチーム以上に正念場に取り組み、組織の健全性に寄与する必要がある。

幹部チームの多くは、そういう課題を「戦略的」ではなく「戦術的」だと見なしがちである。戦術的だと見なすことによって深刻な課題に向き合うことを回避しているのだ。権力と権限の配分、結果責任、幹部チーム全体のパフォーマンスなどの課題である。幹部自身が自分の地位やキャリアを守ろうとすることが多く、それによって内部の利害対立が生じ、社内に浸透すべき組織のビジョンが台無しになってしまう。

偉大な組織を築くために幹部レベルで率直さを実現しようとすれば、経営幹部チームのMMOTこそが最も困難でかつ重要である。ジム・コリンズは著書『ビジョナリーカンパニー2 飛躍の法則（Good to Great）』（日経BP）で社員が情熱を抱けるビジョンを創り出すことの重要性を見事に描いている。偉大な経営は心と頭脳の両方から実現する。コリンズ氏は「どうやって見事な意思決定を下すか」（フォーチュン誌2005年）の中で、見事な決断は幹部チームの中での率直で情熱的なディベートから生まれる、と指摘している。我々の経験では、そういうディベートはMMOTの形式の中で生まれることが多い。組織が優れた成果を上げるために必要な現在・過去・未来の覚悟について幹部メンバーがあからさまに語り、それは問いの形で提示された。販売目標を達成できなかったのはなぜか、正しい市場情報に基づいて目標設定していたのか、しかるべき資源配分をしていたのか、などだ。

これらの問いはもちろんMMOTステップ1に続くステップ2の問いであり、ステップ3、4へと続いてパフォーマンス向上につながる。チームのMMOTはたやすくない。改善する必要があることを公然と認めるのは難しく、感情的な反応も起こりやすい。そうなると現実をありのままに認めて介入することが阻まれる。

こうした率直な探求ができなければ、本物の学習や改善は望めない。私たちが探求し、議論し、話し合うことによって新たな真実が姿を現す、とソクラテスは教えてくれた。経営幹部のあいだで真実が姿を現すと、高い成果を上げるべくお互いに責任を持ち合うようになる。個人のMMOT同様、チームのMMOTでも意見の不一致やパフォーマンス課題が悪化する前に俎上に載せることができる。手遅れになる前に介入するチャンスを生み出すのである。これは地位や肩書と無関係に行う必要がある。もちろん役職を無視することは、実際上、不可能だ。しかし幹部チームにとって組織全体の目的が重要であれば、職位の上下に関係なく真実を扱うことは可能である。実のところ、組織のトップであれば真実を扱いたくないわけがない。MMOT未経験のチームの場合、まずはゆっくりとMMOTのテクニックを試し、率直さを少しずつ味わうといいだろう。ブルーシールド社のマネジャーたちは「MMOTをやる必要がある」と言うことによって、相手を槍玉にあげたいのではなく、協働学習をしたいのだということを表明するようになっている。

最後に、幹部チームでMMOTを行うのは（これは他のMMOTも同じだが）ある程度重要な課題に限定するのがいい。いつMMOTをやるべきかに決まりはない。言うまでもなく、誰かが会議に2分遅刻しただけでMMOTをやろうとするのはやりすぎだが、「今こそMMOTのタイミングだ」というサインが自動的に点灯するわけではない。マネジャーは自分の判断でタイミングを図る必要がある。誰でも葛藤を回避したい傾向があることを思えば、慣れるまでは少し多めに試してみるのがいいだろう。

全体的な戦略として、手遅れになる前に早めの介入を心がけるほうがいい。それに加え、組織全体のパフォーマンスに影響の大きいふるまいを特に重視するのがいい。最終的には、人の仕事のパフォーマンスを左右する重要性を見極めるマネジャーの判断である。

幹部レベルにおける真実の重要性を示す好例を見てみよう。BMOインベスターライン（カナダの代表的ディスカウントブローカー）は過去5年間業界トップとランキングされ、その経営者トム・フラナガンはカナダの代表的ビジネスリーダーと認められている。フラナガンは、幹部チームで真実を伝え合うことが成功につながったと語る。

私たちは経営チーム構築の初期段階で、各領域のリーダーに非常に大きな機能的強みがあることを認識していました。ＢＭＯインベスターラインは、競争の激しいカナダのディスカウントブローカー業界の中で、常に開発を進め、会社を前進させてきました。私たちは、ディスカウントブローカーのあり方を一変させるようなひとつの商品、ひとつのサービスを見つけ出し、差別化された商品を提供する方法を常に模索していました。

オンライン証券会社の変化の速さと、競合他社の創造力の高さを考えると、競争力のある切り札を追い求めることは不可能だと考えたのです。

その代わりに、組織内に真の経営チームを作り、お客様のニーズにマッチした製品やサービスに焦点を絞るようにしました。すべてのものが他のすべてのものと相互に関連していることを理解し始めたとき、組織内で根本的な変化が起こりました。そして自分たちが達成できることと、さらなる研究が必要なことを伝えるのに歯に衣着せぬ正直さが必要でした。

各幹部が積極的にアイデアを出し、出てきたアイデアをもっと明確にするために他の幹部が意見を出せる環境を作るべく各機能部門を真に調整するには、継続的な作業を必要とします。ＢＭＯインベスターラインの経営陣と組織が現在の成功を収めることができたのは、創造的な議論のレベルで真にコミュニケーションを図ることができたからです。

私たちそれぞれのアジェンダが会社の戦略的意図に合致している必要があります。オンライン証券市場では愉快な出来事がたくさん起こっていますし、素晴らしい技術、製品、サービス、マーケティングのアイデアもあります。私たちは、個人的にも集団的にも、創造的なアイデアが私たちの中核的な戦略から離れてしまわないようにお互いの注意を喚起するだけです。私たちは目標に集中する必要があります。

議論を活発にし、組織の総合的パフォーマンスを上げるために、一切の隠し事がないようなチームの対話を実現するのは、決して容易なことではありません。そのためには、家族に求めるような率直さや正直さに似たアプローチがすべての人に求められます。

ＢＭＯインベスターラインが一貫して成功を収めていることで興味深いのは、真実の要素である。真実を伝えてチームがコア戦略に集中するように規律を保つことは、創意工夫を阻害しない。それどころか、「歯に衣着せぬ正直さ」がチームの創造力を高め、高いレベルのパフォーマンスを実現しているのである。

好調の中で真実に向き合うこと

キッチンキャビネットを製造するアメリカン・ウッドマーク社の共同設立者・元ＣＥＯのウィリアム・ブラント氏に尋ねた。業績が好調で、社員が自分たちの意思決定に誇りを感じているとき、現実を直視することは難しい。周囲に祝福され、ちやほやされているときこそ、批判的に現実を見据えなくてはならない。そのためには経営陣に賢明さが求められる。

ここでブラントは正式なＭＭＯＴプロセスを説明しているわけではないが、彼の会社の長期的な戦略の中で真実を語ることによって、人々がビジネスの基本的な組織原則のいくつかを変えることができたことについて、説得力のある話をしている。

アメリカン・ウッドマーク社の話

ウィリアム・ブラント

変化はいつでも難しいものですが、うまくいっているときほど難しいものです。

１９８９年、あらゆる財務上・競争上の指標において、アメリカン・ウッドマークは非常に成功した企業でした。過去最高の売り上げと収益を記録し、ホームセンター向けにキッチンキャビネットを提供するリーディングカンパニーとなっていました。しかし、この成功の裏には、解決の糸口が見えないために認めたくない、もっと暗い現実が隠されていたのです。CEOである私は、このまま1990年代に突入すれば現在の戦略は会社の破滅につながる、と考えるようになりました。当社は、顧客であるホームセンターがサービスエリアを拡大するのに合わせて成長してきました。その地域に他の顧客が存在しなかったので、当初はよかったのです。ところが1980年代になると、ホームデポをはじめとするホームセンターの大口顧客が全国に拡大し、当社が独立系代理店を通じてサービス提供してきた市場にまで進出してきました。そうなるとたちまち対立が生じます。これまで独占的に販売してきた代理店が、ホームセンター顧客と衝突することになったのです。しかもホームセンター同士がお互いの地域に進出することになり、直接競合することになりました。このような新しい競争に直面して、代理店もホームセンターもキャビネットの在庫を増やしたり、代替品を探したりするようになります。こうした対立は時が経つにつれて激しくなり、顧客の不満や売り上げの減少につながることが、私の目には明らかでした。

私たちはまずこの現実を認識し、次にこの現実を分析し、その意味を考えることにしました。私がこの状況を理解したあと、経営陣がこの現実について共通の認識を持つまでには、さらに半年間の話し合いが必要でした。検討の結果、存続可能な企業に生まれ変わるための唯一の希望は、10年以上かけて作り上げた戦略的資産の多くを取り壊して、事業を根本的に再構築することだと結論づけました。

3つ目のステップは、「1995年ビジョン」と呼ばれる新しい戦略を作ることでした。このビジョンの重要な要素は次の通りです。

- ●ブランドの多角化……独立系代理店やホームセンターの主要顧客向けに、単一のブランドから独自の製品スタイルを持つ複数のブランドに拡大する。
- ●商品の多様化……個性的なスタイルを18種類から100種類以上に増やす。
- ●ジャスト・イン・タイム生産方式の導入により、11か所の地域配送センターを閉鎖し、3か所の地域組立工場からすべての注文を同じリードタイムで出荷する。

このビジョンを完全に実現するには、6年かかると予想しました。

この新しい方向性に対する組織の反応は、かなり複雑なものでした。しかしこれまでお客様の不満を解消してきたセールスやマーケティングの担当者は、この状況を打開するために私たちが行動を起こすことに喜びを感じていました。ブランドや製品ラインが増えれば、売れるものも増える。一方で、製造や物流の担当者は、ほとんどショックを受けていました。これまでうまくいっていたのに、なぜここまで急激に変えようとするのか、理解できなかったのです。

4つ目のステップである「計画の実行」では、6年間にわたっていくつかの行動ステップを想定しました。売り上げと利益は、1980年代の劇的な成長に比べて、全体的にゆっくりとした成長になると予測しました。6年という期間は、秩序立った移行を行うために必要な時間だと考えたのです。

1991年には、独立系代理店向けにキャビネットの別ブランドを立ち上げ、製品の種類も45種類に増えました。しかし、製造や物流の現場では移行作業に追われ、何とか変化に追いつこうと四苦八苦していました。そのため、この年はほんの数種類しか新製品を予定していませんでした。しかし年明け早々、突然のショックを受けることになります。最大手のホームセンター2社から、既製品キャビネットの中核となるサプライヤーをもう1社追加することになったという連絡があったのです。それぞれの顧客から50%以上の売り上げを失う可能性が出てきました。その最大の要因は、競合するホームセンターでアメリカン・ウッドマークブランドへの反発が強まったことでした。

この時期は、当社の歴史においてまさに正念場となりました。歴史的な会議で、私たちの経営陣は次のことを決議しました。ホームセンターや販売店の主要な顧客の信頼を回復し、ニーズに応えるために必要なことは何でも行うことにし、それを可能な限り迅速に実行する、その結果、1992年春の展示会での発表に間に合うように、ふたつのホームセンターのうちひとつに独立したブランドを立ち上げ、製品を100種類以上のスタイルに拡大することが決まりました。この取り組みに、組織全体が力を注ぎました。市場でのポジションが悪化していることを誰もが理解していたからです。新製品に対応するために工場を拡張し、マーケティング、製品開発、製造の立ち上げに莫大なコストをかけ、配送センターの段階的な廃止を続け、大幅な赤字を回避しました。

翌年の春に開催された展示会において、その効果は劇的なものでした。ホームセンターブランドが独立したことで、すべてのホームセンター間の対立が緩和され、ホームセンターや販売店のすべての顧客ごとに製品スタイルを一新することでディスプレイを刷新し、小売レベルでの熱狂を生み出すことができました。

１９９５年に策定したビジョンの実現には、１９９３年から１９９６年までかかりました。ジャスト・イン・タイム生産に対応するために製造プロセスを合理化し、物流センターの廃止を完了しました。私たちの道のりは、１９８９年に私が描いたような直線的で安全な道ではありませんでした。予想以上に時間がかかり、大きな傷を負ってしまったのです。

困難な移行ではありましたが、１９９５年ビジョンの主要な戦略的要素をすべて達成することができました。ブランドをひとつのラインから3つのラインに拡大し、提供する製品スタイルを5倍に増やしました。また、それまで業界後発だった製品開発を、業界を先導して行うようになりました。ジャスト・イン・タイム生産方式を採用したことで、11か所の配送センターを廃止し、完成品在庫を10倍以上減らしました。配送センターがなくても納期は一定でした。私たちは顧客の信頼を再び獲得し、ホームセンター業界の既製品分野における業界トップの地位を再確立しました。このようにして確立された戦略的プラットフォームは、1995年から現在に至るまでのビジネスの急成長の基盤となっています。現在、アメリカン・ウッドマーク社は、それぞれの市場セグメントで強力なブランドと競争しています。

今では、MMOTが私たちの組織文化を定義する要素となっています。私たちは、今の現実を理解し、伝えるためのツールを会社の経営プロセスに取り入れました。私たちが持つ最も強力な競争力のひとつは、真実を伝え、ありのままに現実を語り、生産的に対処し、そこから学び、その学びを実行し、私たちが生み出している影響を継続的に研究する能力にあると認識しています。

真実を伝えるチーム

チーム内のMMOTは、真実を伝えることを前提としている。これまで述べてきたように、真実を伝えるということは、各自が自分の意見を述べて自分の立場を守るということではない。現実は本当にどうなっているのか、お互いの視点を理解し合うことを、チームとして実践することだ。最初は難しい。しかし練習と経験を積むことによってできるようになる。どんな真実でも伝えるということにチームが妥協しないことによってそれが可能になる。

メンバーがお互いに本当のことを言い合えるとき、チームがうまくいく。それができないとき、人々はそつなくふるまい、制約をやり過ごして最低限の結果を出そうとし、誰もが知っている現実を偽って知らぬ顔をする。「部屋の中に象がいる」のに誰もが「見ざる聞かざる言わざる」を決め込むという表現があるが、これは現実に直面して葛藤を感じるのを回避する人間の傾向を示すものだ。もし部屋の中に象がいたら、誰でもわかる。見えなくても匂いがする。にもかかわらず語らないことにしてしまうのは、集団の知恵を損なうものだ。この悪癖を直すには決意が要る。いろいろな形で決意が起こりうる。勇気が必要な人もいる。プロ意識が必要な人もいる。客観的真実への献身が必要な人もいる。そして、真実こそが優れたパフォーマンスにつながるのだという、極めて実用的な知恵が必要な人もいるのである。

第10章

ミスマッチのマネジメント

ＭＭＯＴによって人と役職のミスマッチが見つかることがある。ミスマッチの内容にはいくつかある。価値観、組織の目的、スキル、態度、組織の足並み《アラインメント》、本人の興味関心などである。ミスマッチが見つかり、それを許容時間内に解消できないときは、配置転換や退職勧告ということになる。それは最後の手段にしておきたい。ＭＭＯＴによって事態を何とかするチャンスになる。

態度の悪い優秀な社員

売り上げを伸ばし、コストを下げ、厳しいスケジュールをものともせず、利益に貢献し、シェアを伸ばし、新製品を作り出し、奇跡のような仕事をやり遂げる優秀な社員。ひとつだけ困るのは、彼らの通ったあとは死屍累々だということだ。

MMOTを通じて彼らが変容し、引き続き組織に貢献する優秀な社員でありつつ、誰もが歓迎する新たな態度で仕事をするようになることが起こりうる。しかし、態度が悪くて仕事のできる人間の多くが天狗になってしまい、他者を下に見ていることがよくある。素晴らしい業績を上げていることで、マナーが悪くて強引な態度をとっても許されると思っており、当たり前の規範を守らないのである。

工業用洗浄剤を製造する会社の製造部長ピートはそんなひとりだった。ピートは、製造コスト構造の計算、コンピューターによる工程の合理化、出荷や倉庫の再配置、製造効率の向上などを得意としていた。しかし彼は組織の中で非常に厄介者だった。上層部に対して無闇に楯突き、反乱を起こそうとする。直属の部下を不当に扱い、ゴシップを流し、現場の人間を怒鳴りつけ、組合幹部と揉めたりする。

その会社独自の製造プロセスを深く理解していたのはピートだけだったので、会社は彼に辞められると困るのだ。彼は会社のコストを大幅に削減し、生産能力を向上させ、会社に並外れた競争力を与えてくれた。会社はピートのために、研修、コンサルタント、マネジメントコーチなどという形で多大な時間と費用を投じていた。

もしピートを交代させたりしたら、新任者に引き継ぐのに時間がかかるため、生産スケジュールが大幅に遅れてしまうことになる。ピートの組織にはしっかりとした二番手がおらず、すぐに引き継ぎができる人がいなかったのだ。

ピートは、自分が会社に対して圧倒的優位にいることを承知しており、状況を改善しようとする人々の嘆願や脅迫をすべて無視していた。自分は安全であり、耳を傾ける必要がないとわかっていたからである。

会社を人質にとる

態度の悪い優秀な社員によくあるパターンであり、ピートは会社を人質にとっていたのだ。ピートのような人は、組織がマネジメントチームを育成する能力を失わせてしまう。現実を直視して状況に立ち向かうためには、大いなる明快さと決意、そして組織の能力を長期的に構築する感性を必要とする。

組織は、このような経営上の正念場を避けることが多い。自分が優秀な問題児を辞めさせたために生産が遅れたり、大口顧客を失ったり、販売が滞ったりするようなことは誰も望まない。ピートのような人間はこのゲームを熟知しており、自分のもたらす価値と組織に及ぼす害との境界線がどこにあるかわかっているのだ。

そしてチームを調整したり、より良いシステムを構築したり、権力や権限を再分配したりする経営陣の取り組みが妨害されるようになる。ピートのような人間は、自分を簡単に辞めさせられるような代替案を望まないからである。

彼らは自分が何をやっているのかわかっているのだろうか。ある程度はわかっている。彼らが変わる可能性はあるのか。それはある。しかし会社が健全な組織になるためには、一時的な挫折も覚悟しなければならない。こういう人物を辞めさせなければならないかもしれないのだ。

ピート・タイプとのＭＭＯＴは、「この人を手放してもいい」と覚悟しなければ不可能だ。そうでなければ何も変わらない。というのも、私たちがこの状況に対処する頃には、その人はすでに諭されたり、おだてられたり、理詰めで説かれたり、なだめられたり、脅されたり、コーチングを受けたり、コンサルティングを受けたり、追い詰められたり、リーダーシップ研修を受講させられたり、経営者教育の授業を受けさせられたりと、考えうる最高のチャンスを与えられているのである。

そこでピートとのＭＭＯＴの実施を決定する前に、ふたつの重要なステップを踏む必要がある。

- 万一ピートが出て行ってもダメージを何とかできる状況、つまり戦いのタイミングを選ぶこと。
- ピート・タイプを手放すことを厭わないこと。彼を解雇する覚悟がなければ彼の注意を引くことはできない。

問題児とのMMOT

現実と向き合う覚悟ができたら、舞台を用意する必要がある。ピートがいなくなったらどうするか。ロジスティクス、カバーすべき重要エリア、システムに入るためのセキュリティコードなど、ピートがいなくなったら何が困るかをしらみつぶしに考えるのだ。状況を文書化し、会社の法的義務とリスクを理解するために、人事部に確認する。この人に正確で率直なフィードバックを長期にわたってたっぷり与えてきたことを確認する。フェアなゲームを行う必要がある。

この人を何とかできたらいいと望んでいる。すでにこの人に多額の投資をしており、彼が留まって改善することがベストな結果だ。そして、この目標を達成するチャンスを確保するには、彼を手放す意志と覚悟が必要となる。それがなければ見込みはない。

このケースでの実際のピートは、MMOTをやることになった。上層部はこの状況を直視し、必要な対策を講じることにした。彼らは準備をして、ピートを呼ぶ。会議の議題がピートのマネジメントスタイルであることを事前にピートに伝えてある。不意打ちや不当な扱いにならないようにしたのだ。

現実の認識から行動計画まで

ピートはふたりのシニアマネジャーと面談した。彼らは問題を十分に扱えるように必要な時間を確保した。彼らはこう言って話を始めた。

「わかっていると思うが、あなたのマネジメントスタイルに我々は頭を抱えており、それを扱うために今日のミーティングがある。さて、中身に入る前に、この問題があなたが組織に残るかどうかを左右するほど重要であることを知ってもらいたい」

ピートがこのミーティングの重要性やマネジャーたちの真剣さを理解するには、どれだけの覚悟があるのかを事前に知らせておかなくてはならない。

「あなたは組織の重要な一員であり、業績は常に優れている。しかし、あなたのマネジメントスタイルは受け入れがたい。それは破壊的だ。他の人たちはあなたの下で働きたくないと思っている。あなたは組合に対して私たちのことを間違って伝えており、そのために物事が必要以上に難しくなっている。このような行動の例を列挙することはできるが、この種の批判はあなたも承知済みだろう」

ピートは承知済みだと同意したものの、自分の行動を他人のせいにして、自分は誤解されているのだと身構える。

「こういう批判に同意している？」

「していません」

「どうして？」

「僕を槍玉にあげるべきではありません。僕がいなかったら会社は大変なことになります」

「私たちは現実を直視している。あなたのふるまいが破壊的だったことは事実かな？」

「私の実績を考えたら報酬を上げるべきです」

「ここでは決断が迫られている。あなたがマネジメントスタイルを改めるか、それとも辞めてもらうのがいいか」

「今から別の仕事を探さなきゃいけなくなるのは困ります」

「それは理由にならないね。社内の人たちがあなたを厄介者だと言っているのは知ってるかな？」

「聞いたことはあります」

「なぜそんなことを言われるかわかるかな？」

「わかりません」

「なぜだか誰かに尋ねたことは？」
「ありません」
「なぜだか知りたいかな？」
「はい」

最初、ピートは自分が周囲に与える影響を嫌々ながらも認めていた。マネジャーたちが繰り返した質問は、なぜ周囲の人たちがそんな印象を持つのかということだ。そして彼らは用心深く、客観的に、正直に現実を見ていく。

ついにピートは、自分にとっての正念場を迎える。自分はこの組織にいたいのか、いたくないのか。このＭＭＯＴが消えてなくならない以上、彼にはふたつの選択肢がある。現実から逃避するか、現実を直視するか、である。マネジャーたちは仕事のやり方を改めるチャンスを差し出している。どうするかはピート次第だ。

この会議は誰にとっても厳しいものだった。しかしシニアマネジャーたちは組織の価値観が何よりも大切だと腹を括っていた。会社にとってどんなに価値のある個人であっても、働く人たちがどう扱われるかのほうがもっと重要だったのである。

経営陣からのメッセージは、「変わるか、辞めるか」という最後通告だった。しかし経営陣の態度は、ピートに圧力をかけて態度を改めさせようとするものではなかった。そんなことをしても、圧力に反応する一時的な変化にしかならないからである。そうではなく、経営陣はピートにチャンスを与えていた。自分のやり方を見直し、組織の価値観に合わせ、真のチームプレイヤーとして会社に関わるための新たなチャンスである。

ピートは現実を嫌っていたが、しばらくすると、自分が破壊的な行動を正当化するために優秀な社員としての価値を利用していたことを認める。しかし、その前に、彼は自分が会社のためにしてきたことや、感謝されていないと感じている自分のユニークな貢献について話していた。

40分間にわたって現実を述べ、ピートが唱えるあらゆる異議を検証したうえで、実際に会社での自分の職権を乱用していると理解すると、ピートは聞き方を変え、客観的になることができた。これは、シニアマネジャーが彼を叱責するのではなく、組織風土を変えようとしていたのが伝わったからでもある。

ピートは、自分の成功を言い訳にして勝手放題をやっていたという現実をようやく認めた。そして自分の仕事のやり方を変えて、会社に残ることを決めた。

彼は、自分がどのように仕事上の意思決定を行っているかを追跡した。いろいろな状況を一つひとつ分析するうちに、ピートには自分のパターンが見えてきた。大きな成功を収めたすぐあとで最悪の行動に出ることが多い。報われることのないヒーローのように感じていたのだ。

ピートは変わるための計画を作成する。シニアマネジャーたちは、その過程でコーチが必要ではないかと彼に尋ねた。ところがピートは、過去のコーチングを真面目に受けていなかったのだと白状した。彼らの提案に口先で同意するだけで実行せず、提案が効果を上げないことでコーチを追い出す口実にしていたのである。そこで今回は自力でやってみて、うまくいかない場合にだけ助けを求めたいと申し出た。マネジャーたちも同意し、タイムテーブルを作成した。劇的な変化を起こして揺り戻すのではなく、継続的に改善することを望んだのだ。マネジャーたちはうまくいかなかったときのために、後継者計画を立てた。ピートの役割は、自分が知っていることを他の人に教えること、有能な人をまわりに置くこと、自分が動かすシステムごとにマニュアルを作ること、システムを他の人が一定期間動かしてテストすることだった。

ピートは本物の正念場を迎え、自ら変わるという「根本的な選択」をしたのだ。この出来事はピートが自分の生き方と向き合うことを余儀なくされた、運命の日だったのである。「根本的な選択」とは「自分のありよう」「方向性」「決意」に関するものである。非喫煙者になるという根本的な選択をしない喫煙者は、どんな禁煙方法を試しても長期的にはうまくいかない。それに対し、禁煙するという根本的な選択をしたのであれば、どんな方法を選んでも効果があり、特に自分に合った方法に惹かれるだろう。

ピートは根本的な選択をした。決定的なＭＭＯＴを行うことで彼は変わる気になったのだ。

そして彼は変わった。それから数年後、ピートは組織内で最高のリーダーとマネジャーのひとりになった。ＭＭＯＴの数年後には、組織内のマネジメントワークショップの指導を依頼さス、会社で最も尊敬されるメンバーのひとりとなったのである。
あるブルーシールド社のマネジャーは、ミスマッチが原因で辞めてもらうことになったケースを話してくれた。

私のチームには、技術的には非常に優れているものの、対人関係のスキルが完全に欠如している人がいました。彼は非常に賢い人で、自分の専門分野では有能でしたが、仕事の内容ばかりが重要で、仕事の進め方を重要だと考えていませんでした。協調性がなく、チームワークもうまくいきませんでした。これは問題だとは思っていましたが、今思えば彼の行動に対処するのに私は手をこまねいていたのです。最終的には、重役のひとりが私に近づいてきて、彼には見切りをつけたとはっきり言ってきたのです。私は、この人物とのあいだで大きな正念場を迎え、さまざまな具体的な事実を説明しました。当時、社内では新しいリーダーシップ原則を展開しており、その意味するところを議論するのに時間を費やしていました。そして、新しいリーダーシップ原則が実践されたときに明らかになる具体的な行動を記したパフォーマンス改善計画を作成しました。また、私たちは、個人の組織文化への適合性について話しました。対象の人物にはこれらすべてを消化するための時間が必要でした。1週間後、彼は自分がこの文化に適していないと言い、その職を降りました。彼は「目的のためには手段を選ばない」という考え方を変えようとはせず、自分のマネジメントスタイルと、私たちの組織の価値観やリーダーシップの原則がマッチしていないことを理解したのです。

優れたマネジャーは、こうしたパターンに敏感に反応し、早い段階で向き合わなければならない。このマネジャーが言うように、彼はこの人物にもっと早く対処すべきだった。しかし大半のマネジャーは全く同じで、問題が深刻化するまで対処しようとしない。特に問題の人物が信頼する優秀な社員である場合はなおさらだ。もし私たちがマネジメントの正念場を見極め、早い段階で扱う習慣を身につければ、態度を変えなければならない人をうまく組織に統合できる可能性が高まる。

マッチする必要のある4要素

「スキル」「態度」「アラインメント（足並みを揃える）」「興味関心」の4つの要素がマッチする必要がある。

不十分な要素があるとミスマッチが生じる。要素がひとつでも欠けていたら「このミスマッチをマッチへと導くことができるのか」と問うことになる。

4つの組み合わせのケース

スキル、態度、アラインメントはあるが、関心がない

ある上級管理職がまさにこの組み合わせだった。彼は非常に有能なプロフェッショナルで、態度も素晴らしく、組織のミッションや価値観と深く結びついていたが、仕事そのものに興味関心を持っていなかった。以前やったことのある仕事で、もうわかっている、と思っていたのだ。当初はミスマッチを見つけるのが難しかった。彼はうまくやっていたし、組織で認められていたし、部下の信望もあった。ところが何かが足りない。組織が発展するにつれ、彼の仕事はもっと難しいものになっていく。それによってミスマッチが見過ごせないほどになっていった。彼は難しい任務に熱意を持って取り組もうと努力したが、心が入っていなかった。

上司とMMOTを行い、現実を探求していると、彼は突然、自分に求められた役割を演じることに興味がないことに気づいた。仕事はできるし、それにふさわしい態度をとっていたし、組織と足並みも揃っていたが、自分が任された仕事自体に興味がなかったのである。

この発見から、彼は上司と一緒に、組織の中で自分が興味を持てるような役割を見つけようとした。彼は、上司と一緒に自分が将来どのような役割を果たすべきかを検討するあいだの移行期間として、一時的なポストを作った。しかし結局のところ彼の仕事上の興味を満足させるような役割はなく、最終的には最も優遇された状況で会社を去ることになった。

興味関心という要素を理解していなければ、彼はもっと長く会社にいたかもしれないし、ミスマッチを理解するのにも時間がかかっただろう。もしミスマッチを理解しなかったら、このケースよりもずっと面倒なことになることが多い。

スキル、態度、関心はあるが、アラインメントが足りない

アラインメントというのは合意のことではない。このふたつを混同しないことが大切だ。私たちは組織のミッション、価値観、戦略に歩調を揃えながら、具体的な方針や決定について異論を述べることもできる。一方で、具体的な行動について同意していても、全体的な原則と足並みが揃っていないこともある。

アラインメントのあるマネジャーは、お互いのアイデアを検証したり、デューデリジェンスを促進したり、隠れた想定を分析したり、結果を出すために鋭い問いかけをしたりすることの重要性を理解している。そして同時に、同じ目的のために働き、同じ方向に進み、組織と自分自身の最善を引き出すために力を合わせ、企業の成功にフォーカスしていることの重要性を理解している。

アラインメントの問題は、多くの大企業に悪影響を与えてきた。たとえば、かつてDEC（1970年代後半から1980年代前半）ではアラインメントが機能していなかった。誰かが新しいアイデアを提案すると、それをサポートするために配置されたはずのエンジニアチームから

の意地悪な攻撃に耐えなければならなかった。それは、そういう厳しい仕打ちに耐えられるアイデアだったら大丈夫だろう、という考えによるものだ。

ところが実際にはそうはいかなかった。生き残ったアイデアは必ずしも優れたアイデアというわけではなかったのだ。アイデア自体は疑わしいものであっても、提案者の性格や弁論の強さによって生き残っていたのである。提案するマネジャーが自分の提案を通そうと必死になればなるほど歩調は乱れ、組織全体にミスマッチが広がっていく羽目になった。

アラインメントは組織にとって必要不可欠である。アラインメントがなければ、人はばらばらの方向に散ってしまう。アラインメントがあれば、マネジャーは全体的な組織化の原則を持っているので、力を合わせるように動機づけられる。

アラインメントとは何かを明確にすることは、必ずしも容易ではない。誰もが自分は歩調が揃っていると主張するものだ。しかし多くの場合、アラインメントは特定の出来事や行動パターンよりも具体的でわかりやすい。アラインメントがとれている人たちは誠実にふるまい、組織の成功を応援し、腕まくりをして大きな目的に献身し、自分たちの組織を大切にする。

アラインメントが欠如している場合、ＭＭＯＴを実施するマネジャーは、相手が組織の仕事に対する自分の責任を見直す手助けをしなければならないことが多い。

マネジャーが相手にアラインメントを求めようと考えることは滅多にない。しかし求められた人たちは喜んで協調することが多い。プロジェクト、アイデア、価値観、使命、組織の高い目的へのアラインメントである。アラインメントなどということを考えることがなく、誰にも頼まれなかっただけだ。それに対し、アラインメントが難しいのは、組織がその人の価値観に反する行動をしていたり、利益相反があったり、その人が会社の目的を支援したくないと思っていたりする場合である。

アラインメントの達成が不可能な場合、その人は専門職として組織をサポートすることができるが、組織におけるリーダーシップの役割を負わすべきではない。

スキル、関心、アラインメントはあるが、態度が欠けている

受け入れられない態度のすべてがあからさまに破壊的であるとは限らない。組織とのミスマッチは、微妙な皮肉や、静かに貶めるような言葉、あるいは皆がやっている仕事を批判して挑戦するようなジョークの中に見られることがある。このような行動はあまりにも些細なので指摘しづらく、いちいち槍玉にあげるのもはばかられる。しかしマネジャーが慢性的にこのような行動をとっているとしたら、それは態度の問題である。

そういう人とMMOTをするときには、その人が会議でどのようにふるまってきたのかと、どのようにふるまってほしいのかを対比させることが重要だ。MMOTのポイントは真実にある。多くの場合、その人は自分の態度が疑われるような行動をしていることに気づいていない。最初は、自分はこういう性格だからと言うだろう。私たちは人の性格を変えようとしてい

るわけではなく、組織内での行動を調整するためのプロフェッショナルなサポートをしているのである。

「こういう性格だから」という弁明は、組織内で初めてセクハラ問題が発生したときに用いられていた。しかし性格とは関係なく、組織は従業員に攻撃的な行動を改める必要があることを教える必要があった。

もし態度のミスマッチがあれば、MMOTを行うことになる。組織のマネジャーとしてふさわしい態度を身につけることはマネジャーとして当然の要件のひとつである。

関心、態度、アラインメントはあるが、スキルが足りない

この人はいい人で頑張っているが、何かがうまくいっていない。仕事のスキルは当然持っていると思い込んでいることが多い。そうでなければなぜ今のポストについているというのだろうか。しかし実際には、いい人がスキル不足のことは少なくない。スキルレベル以上に昇進してしまった可能性もある。

この場合のMMOTは、タイムリーにスキルを身につけることができるかにかかっている。もしできなかったら、必要なスキルを持っている別のポストに異動できるのか。もしそういうポストが存在せず、スキル向上が間に合わなければ、会社を辞めてもらう必要がある。マッチがなかったら継続は無理だ。

勤勉で真面目な人が多いので、そんな結末はいつも悲しいものだ。しかしその人を間違ったポストに留めておけばおくほど、他の人がその人の能力を補う必要が出てくるのである。

要因が明確でない場合

4つの要素のうちふたつ以上の要素がミスマッチしているマネジャーを改善するのは大変なことだ。MMOTは、そんな人に再出発のチャンスを与えるが、最終的には本人の努力にかかっている。MMOTは歓迎されない介入のように見えても、実際にはマネジャーの仕事のパターンを変えるチャンスのある数少ない介入である。

実際にコーチングをしてみると、何が足りないのかがよくわからないことがある。表面的には、関心、態度、アラインメント、スキルのすべてが揃っているように見える。しかし何かがおかしい。このような場合には、独立した変数だけでなく、全体を見渡すことが必要になる。たとえばあなたのリーダーシップやマネジメントの方法が気に入らない、などの、あなたには思いもよらないことがあるかもしれない。どんな統計調査を見ても、仕事の満足度と仕事の成果は直属の上司に最も影響されることがわかる。もし仕事のスタイルの違いが部下のモチベーションに悪影響を与えているのであれば、謙虚になって話し合う必要がある。これも他の組み合わせと同様、ミスマッチである。しかし微妙な内容であり、話し合うのが難しい。あなたはリーダーとしてどんな影響を部下に与えているのかに気づいていなかったのかもしれず、話し合いの結果としてリーダーシップスタイルを変えることになるかもしれない。それどころか、リーダーシップスタイルそのものが課題となる場合も多い。そうなると、部下は自分に向けられたフィードバックに耳を傾けて真剣に受け止めること自体が困難になってしまう。上司のスタイルを俎上に載せることによって、部下が本当に学んで向上しようとすることが妨げられてしまうからである。

とはいえ、仕事のスタイルの違いは基本的なものであり、MMOTの他の要素と同様に対処する必要がある。事実を認識する必要がある。「どのような行動があなたのパフォーマンスの邪魔をしているのか?」と問い、具体例を検証する。もし上司がスタイルの違いを認めた場合、それが部下の学習を阻害するものだと合意するだろうか。もし合意するならスタイルを変更しなくてはならない。そしてフィードバックやフォローアップを受けて責任を負う必要がある。このやりとりを通じて上司と部下の双方が学び合うことは決して珍しくない。しかし上司が自分の行動を部下の学習を妨げる障壁と認めないことも多い。そうなると、部下の責任でパターンを変えることが主になっていく。

他のミスマッチと同様、最終的に意見が一致せず、変化できなければ、どちらかが去ることになる。多くの場合、上司が残ることになる。それでもこのような会話は、困難であると同時に啓発的であり、双方が新たなパフォーマンスを発揮することにつながりうる。それは会社全体の利益となり、組織文化を変えることになるのである。

第11章 戦略提携とＭＭＯＴ

ＭＭＯＴは、戦略提携や外注管理（協力会社管理）に利用できる。その場合、ひとりの部下やひとつのチームのＭＭＯＴよりも複雑なプロセスになることが多い。複数の関係性を含み、上下関係があり、多くの未知数がある。

ここではハイテク業者のA社と家庭用電子エンターテイメント業界向けのインターフェイス機器を設計・製造するH社の2社間のＭＭＯＴを例として取り上げる。

H社は２００２年に、A社製品にさまざまな部品を提供することを打診した。当初A社はこの申し出を断った。A社のＣＦＯは「H社がA社にもたらすビジネスは、顧客との重要な信頼関係を損ねるように見える。当社の高級部品がコモディティ化し、非常に高級で高価な製品を作っている当社の顧客とのあいだに摩擦が生じることを懸念する。もしA社が安価な製品に同じ部品を使用していることを宣伝し始めたら顧客とのあいだでトラブルとなるだろう」と述べている。

H社は潜在的な問題を考慮し、当初の提案を作り替えた。A社は新しい提案を気に入り、この製品ラインの戦略パートナーになることに同意した。両社が協力して仕事を始めると、A社の人々はすぐにH社に多くのシステム上の問題があることに気づく。材料費、労務費、製造経費などの会計処理がわかりにくい。両社ともに新製品の導入には一定の期限を設けていた。秋には1000万ドルのテレビ広告キャンペーンが予定されていたが、5月になっても両社はどのように統合したらよいか理解できずにいた。

戦略提携が始まって数か月のあいだに事態はますます悪化していく。A社の幹部のひとりは「いたるところで煙が上がっていて、心配になってきた」と語っている。両社は週1回の定例会議を設けた。A社側はさまざまな問題点を指摘する。H社側は防御的な態度で否定する。A社側が問題を提起するたびに、H社の人々はA社側もまた同様の過ちを犯していると非難した。別のA社のメンバーは、こう語っている。「私たちが彼らを非難したのは、私たちは言ったことをやっているからです。言ったことを実行しないときは即座にそれを認め、事前に知らせるようにしていました」

最初の数回のミーティングで、グループはいくつかのスケジュールを立て、求める成果を定義し、プロセスの調整をタイムリーに管理するためのトラッキングシステムを構築した。しかし問題はさらに悪化した。

A社のチームは、何が起きているのかをより深く分析するために現場を訪問した。A社のチームのメンバーはこう言う。「私たちが話を聞いた人たちは、自分の仕事のプロセスがどうなっていたらいいのかを全く理解していませんでした。彼らは仕事に追われ、圧倒されていました。彼らの多くは、このプロジェクトのために1日14時間、週7日働いており、途方に暮れていました」

A社のメンバーは、実際に仕事の大半を任されているチームの何人かに会った。彼らは幹部社員を恐れており、自分にはできない仕事だとわかっていても「命令」にはイエスと答えていた。期限に間に合わないときは「自分で責任をとる」、つまり自分のせいだと認めることになる。しかし現場の人たちにはこの体制を変える力がなく、改善の見込みはなかった。

A社の人たちは、H社の幹部たちとMMOTミーティングを行うことにした。A社の人たちは、関係する何人かのマネジャーと一連の事前打ち合わせを設定し、ミーティングの開催を予告した。あるA社のマネジャーは言う。「まずH社の各担当者とのミーティングを計画しました。シニアマネジャーのフランクが製造部門のVP（バイスプレジデント）と話し、私は彼女の上司であるSVP（シニアバイスプレジデント）と話して、現場訪問で得た知見に関するレポートを送付することと、幹部レベルの議論をしたいと伝えました」。別のA社のマネジャーはこう語った。「レポートは、重要な問題が早急な解決を必要としていることをH社に知らせるものでした。この文書は議論を進めるためのツールとして使用され、成果と説明責任に対する期待を明確にすることで、彼らのパフォーマンスが満たすべき水準を上げるものでした」

またA社の別のマネジャーはこう言った。「彼らは全員、正式な通知を受けていました。我々は文書を使うことで、彼らの組織が状況に応じた適切な緊急性を持って対応する必要があることを伝えたかったのです」

最初のステップは、現実を認めることだった。A社のメンバーは、H社のチームを不意討ちしようとしていたわけではない。また、相手が今以上に身構えるような会議をしたくはなかった。A社の人たちは対立をあおりたかったのではない。あくまでも現実を客観視し、双方の組織を傷つける可能性のある困難な問題を直視するプロセスに、H社の人たちを引き込みたかったのだ。

会議では、A社のメンバーが問題を客観的に、正確に、そして公平に述べていたので、参加者は問題に取り組む準備ができていた。彼らは問題解決のためのアプローチで問題を解決しようとはしなかった。むしろ、共通の目標（製品ラインの納期遵守）と、問題点だけでなく達成された成果も含めた今の現実を再確認したのだ。このふたつのデータを使うことで、適切なシステムを構築する方法を模索したのである。

A社のチームは逸話的な話を避け、データのテンプレートを使って問題点を説明することで、現実を取り扱った。ほどなくH社のチームは現実を理解するうえでのパートナーとなった。現実認識というトーンが支配的になったことで、H社の人たちは否定の姿勢を改め、自分たちが悪く見られる場合であっても積極的に真実を追求するようになっていく。

A社のマネジャーのひとりはこう言う。「彼らは取引先にここまで理詰めで押されることに慣れていませんでしたが、しばらくすると私たちが責任を押しつけないということがわかって、信頼してくれるようになったのです」

双方ともに現実状況を認め、続いてなぜそんな状況になったのかを分析し始めた。H社のマネジャーはこう語った。「プロセスを分解して、なぜ組織がこのような状態になったのかを解明しました。駄目なプロセス、注文の取り違え、データが他のデータと一致しないことなどを追跡したのです」

A社のメンバーのひとりはこう言う。「私たちはH社のメンバーのところに戻って、次々と例をあげて説明しました。そして新しい計画を一緒に作り始め、適切な人員が割り当てられました。製品開発が遅れていたので、H社はエンジニアを増員し、成果物と期限を厳しくしました」。自分たちが変えられないものを分析し、自分たちが働くシステムを一緒に変えていったのである。

フォローアップの段階では、毎週フィードバックミーティングを行い、プロセスの現状を分析し、行動計画を立て、さまざまな調整を行った。チームはお互いに力を合わせる方法を学び、広告キャンペーンが開始される頃には製品が店頭に並んでいた。

A社のマネジャーのひとりは次のように話す。「私たちの努力の結果、H社との仕事においていくつかの重要な行動上の変化があり、すべての下請業者との仕事上の関係が強化されました。たとえば、A社はプログラムの変更や業務上の問題点を伝えるためにすべての協力会社を集めた会議を開催し、コミュニケーションを改善する方法を提案しました。これは彼らがA社からの指導を受けて良い結果を経験した一例です」

戦略提携の課題

経営幹部チームは戦略提携を結ぶことがよくある。しかし提携の責任者が双方の組織を統合して実行可能な関係を作る準備を怠っていることが多い。ここには権限と責任に重大な瑕疵がある。システムが噛み合っておらず、仕事量や管理負担があまりにも重たくなり、そのデメリットが提携のメリットを上回ってしまうように見えるのだ。

双方の人々は、企業文化やシステムの衝突が続く中で、提携に憤りを感じている。双方のマネジャーは問題を改善しようとするものの、しばしば問題を悪化させてしまう。

A－H両社の例は、多くの実践的な教訓を示している。私たちは、まず自社内を点検し、提携の目的とする成果のために行動し、困難に直面する中で自分たちに何ができるのかを考え、自社内で真実を共有しながら、パートナーと力を合わせて現実を探求する必要がある。

お互いに何度もミーティングを重ねる必要があるかもしれない。多くの組織では直面すべき問題に取り組むまでに時間がかかりすぎる。本格的な対立を待つのではなく、プロセスの早い段階で問題に取り組む習慣をつけるべきだ。そのためには最初から雰囲気や関係性を整えておく必要がある。

多くの場合、戦略提携を結んだ人々は、物事がうまく機能するために必要な経営上の複雑さを考慮していない。取引をまとめる人たちには実務の複雑さが見えないのである。中間管理職は、制度や方針を大幅に変える権限を持っていないにもかかわらず、成果への責任を負わされている。当然彼らはそんな立場に置かれていることに無力感と憤りを感じている。

マネジャーの正念場は、上から下へだけでなく、下から上へも及ぶものだ。

戦略提携を成功させるための根本的な変更を決める権限を持たないとき、権限を持つ意思決定者に対して現実を突きつける必要がある。現実を直視することは組織の全員の仕事だ。誰もひとりで全体像を知ることはできない。現実を見るためには断片を組み合わせる必要がある。これは共同作業であり、同時にまたリーダーシップの仕事でもある。リーダーシップを発揮する立場にある者は、情報が下に流れるだけでなく、上に流れることも要求しなければならない。断片を分析し、システム的、構造的に理解し、その理解をもとに変化や調整が行われるように尽力しなくてはならない。

A－H両社の話は、人々がいかに多くのレベルでコミュニケーションを図り、その結果をまとめようとしたかを示す例である。他人のせいにするほうが簡単で「自然」だったのは間違いない。しかしＭＭＯＴを使うことによってＡ社のチームはＨ社のチームと徹底的かつ極めて生産的に向き合い、それによって長期にわたるプロフェッショナルな関係を築く舞台を設けた。それは戦略提携本来の意図を全うするものになったのである。

第12章 経験則

タイミング

ＭＭＯＴを行うタイミングはいつがいいのか。経験則から言うと、じっくりと課題に取り組む時間をとれるときがいい。できれば「明日のミーティングのアジェンダは最近の品質課題です」などのようにあらかじめアジェンダを決めておく。

もうひとつの経験則は、何かあったらその記憶が薄れる前に早くＭＭＯＴを実施することだ。何週間も何か月も経ってからでは大事なことを忘れてしまい、大切なテーマを探求するインパクトが失われてしまう。

ＭＭＯＴミーティングは、プロジェクトサイクルが完全に終了するまで待つよりも、仕事に取り組んでいる最中に実施したほうが効果的な場合が多い。チーム、プロセス、プロジェクトの中で疑問や違和感を感じたりしたときは、ＭＭＯＴを行うべきかもしれない。もし思い過ごしであればＭＭＯＴで点検することによって心の平安が得られる。思い過ごしでなければ、早期発見と対処によって後々の悪い結果を回避できることになるかもしれない。

ストレートに伝えること

ＭＭＯＴを実施するときは、はっきりと明確に伝えることが何より大切だ。それによって相手があれこれ思い悩むことなく理解できるようにするのである。

歯に衣着せず客観的に物を言うのに違和感を覚える人も多い。それは遠回しに何かを伝えようとする習慣のためである。しかし大事なことをストレートに伝えることは、相手を支援することや優れたマナーと両立する。

１９８０年代後半から１９９０年代前半にかけて「ピロー・パンチ・ピロー」というテクニックが流行したことがある。これは悪いニュースを遠回しに伝える方法で、たとえば次のように使われる。

「あなたは、うちの会社で最も才能のあるエンジニアのひとりで、あなたがチームの一員であることを本当に嬉しく思っている。しかしコスト意識のなさは多くの問題を引き起こしていて、もっと注意してもらわないと困る。とはいえ、あなたの業績は本当に素晴らしく、あなたのチームは素晴らしい仕事をしたと思います」

ピロー：　あなたは素晴らしい。
パンチ：　予算をオーバーしてるぞ。
ピロー：　あなたとチームは素晴らしい。

ピロー・パンチ・ピローは決してうまくいかない。悪いニュースを伝えるために心にもないお世辞を言っていると思われるからである。ピロー・パンチ・ピローを受けている相手は、飴をしゃぶらせられているような嫌な気分になる。

ＭＭＯＴでは遠回しに言ったりせず、ずばりと本題に入るのが一番いい。

「今回のプロジェクトの予算超過について話をしたい」

はっきりと「これだ」と言えないとき

どんな状況を扱おうとしているのかを正確に理解すること。これが優れた経験則である。違和感を覚えているのだが、何と表現したらいいのかわからない。的確な事例が見つからない。必要な詳細情報が手元にない。そういうときも、とにかく取り上げることだ。

もしこれまでにＭＭＯＴをやって成果を上げていたなら、相手との信頼関係が構築できているので、はっきりと言葉で説明できなくても重要な事柄を扱おうとしていることを伝えるのはさほど難しくないはずである。真実を探求すべく相手と力を合わせて現実を見ていけばいい。相手が理解できないような漠然とした言い方は避けることだ。

たとえばこんなふうに言ったらどうだろう。


「グッドウィン社へのあなたのアプローチについて話をしたい。何がどうとははっきりとは言えないんだが少し感じていることがあって、一緒にそれが何かを突き止める作業につきあってもらいたいんだ」


俳優のチャールトン・ヘストンは、はっきり正体をつかめない正念場について、こんな体験をあげている。『ベン・ハー』の撮影が始まって数日後、ウィリアム・ワイラー監督がヘストンのところに来てこう言った。「もっとうまくやらなければならない。どうすればいいのかわかっていれば教えてやれるんだが、俺にはわからない。俺がわかっているのは、君がもっとうまくやらなければならないということだけだ」

『ベン・ハー』は数年前に撮影された『愛情の花咲く樹』と並んで、非常に高価な65ミリのネガフィルムで撮影された唯一の映画だが、映写用の70ミリプリントには、フィルム上に直接磁気ストリップで印刷されたステレオトラックのためのスペースが追加されており、1959年の先端技術だった4チャネルのステレオサウンドが実現されていた。主演にスーパースターを起用し、1万5千人以上のエキストラを起用したこの映画は、それまでで最も高価な作品となった。ヘストンもワイラーも映画の成功にどれほどがかかっているかを知っていた。MGMはこの映画に社運を賭けていた。この映画が成功しなければ、スタジオは管財人の手に渡り、倒産することになる。

そこへ来てタイトルロール（表題役）を演じるヘストンは監督から駄目出しされ、どうすればもっとよくなるか考えろと言われた。ヘストンは自分自身を見つめ直し、やり方もわからない未知の領域に邁進した。彼はこのチャンスをつかみ、素晴らしい演技によってアカデミー賞主演男優賞を受賞した。映画は興行的にも成功し、11部門のアカデミー賞を受賞する名作となった。

もしワイラー監督がヘストンにあんなことを言わなかったらどうなっていただろうか。監督は具体的な助言をできなかったが、それでも駄目出しをする必要があった。すべてのスタッフがこの映画の成功と、万一失敗したときの悲惨な結末を気にしていた。彼らは現実をごまかす余裕など持ち合わせていなかった。

このケースのように、具体的に状況を描写できないにもかかわらず正念場を取り上げなくてはならないことがある。何を取り扱うのかを明示できないため、難しい会話になることもある。それでも正念場を扱うことだ。ただし危険を伴うことを承知しておかなくてはならない。相手に誤解され、せっかくの努力が水の泡になってしまうリスクがある。だからこそ日頃からプロ同士の信頼関係を構築していることが大切なのだ。ここでの経験則は、マネジャーとしての良識を持ち、用心深く進めることである。

部下の部下を知れ

野球チームの監督がキャッチャーに「ピッチャーの調子はどう?」と聞いたとき、キャッチャーは監督に本当のことを言わなければならない。もしキャッチャーが監督に実際よりもピッチャーの調子がいいと言ったりしたら、監督は別のキャッチャーを起用しなくてはならない。

ブルーシールド社には「**部下を知り、部下の部下を知れ**」というリーダーシップ原則がある。直属の部下だけでなく、その部下はどんな人たちなのか。彼らの能力や才能は何か。課題や開発領域は何か。個人やチームとしてのパフォーマンスはどうか。

MMOTの多くは上司と部下のあいだで行われる。しかし間接的に上司の上司も関わっているかもしれない。ここでの経験則は、組織全体で広範に全員がどんなふうに仕事をしているかを感じとることだ。組織の成長と個人のプロとしての向上の計画はどうなっているのか。この問いによって自社の人材育成能力を理解し、構築することになる。広い視野をもって組織の力全体の成長を考察したいのである。

コアコンピタンスと組織学習

ここでの経験則は、MMOTを使って組織のコアコンピタンスを開発することができるというものだ。

ゲイリー・ハメルとC．K．プラハラードは「コアコンピタンス」という言葉を造語した。あいにく今では意味不明なビジネス用語になってしまい、「ジョーのコアコンピタンスはスプレッドシートを見る能力だ」などのように単なる能力の意味で使われることが多い。しかしハメルとプラハラードの言うところのコアコンピタンスの意味は違う。組織のコアコンピタンスは最も戦略的な資産のひとつであり、企業が真のコアコンピタンスを持っていると言うには100名以上の社員が同じレベルの力を持っていなければならないというのである。「もしコンピタンスの持ち主が数名しかいなかったら、その数名が辞めるだけで会社は終わりだ。数名に左右されるようでは、その会社にコアコンピタンスがあるとはいえない」とハメルは言う。

ここで優れた経験則は、**コアコンピタンス**と**組織学習**というふたつの重要な考えに取り組むことである。どちらの言葉も陳腐化しているが、ともにパワフルな概念だ。組織が使命を果たすうえで駆使する特別な能力であり、なおかつ組織が持ち前の能力を倍加することを学ぶ能力のことを指している。

組織学習とは、単に組織内の個人が学習することではない。多くのハイテク企業のエンジニアは、ソフトウェアの設計方法、特定のプログラムでの作業方法、新しいマザーボードの開発方法などの学習に多くの時間を費やしている。ところが学習した成果が組織の中に吸収されず、他のエンジニアが学ぶときはまた一からやり直しているということがよくある。

これに対して真の組織学習では、**学んだことを組織内に展開し、共有する力が組織に備わっている**。つまり、誰かが新しいコンピタンスを習得すると、それは組織全体の知識ベースに組み込まれていくのである。学習とコンピタンス獲得は密接に結びついている。組織学習なくして企業は変化・進化・発展することができない。そしてコアコンピタンスなくして企業は戦略実行、市場開拓、事業開発ができない。コンピタンスを獲得した社員数名が離職した途端に企業の優位がなくなってしまいかねないのである。

ＭＭＯＴはこのふたつを実現するものだ。何を実現したいかを明確に理解することを通じて学習し、コンピタンスを開発する。目標に向けたダイナミックな学習プロセスがあり、それによって新しい仕組みやアプローチを考案できる。

ＭＭＯＴは本質的に学習プロセスである。基準に満たないパフォーマンスを改善するだけではない。それだけではコンピタンスを獲得することにつながらない。ＭＭＯＴを使って実現したいのは、もっと大きな学習の文脈における対話なのだ。ここでの経験則は、次のような自問自答をすることにある。

- 私たちは何を学んでいるのか。
- どのようにして学んでいるのか。
- この学習関係をどのように確立していくのか。
- どのような一般原則を学び、他の領域でも応用することができるのか。
- この学びを他の人に広めるにはどうしたらいいか。
- どうすればより効率的に学習機会を発見し、活用することができるのか。

クイックMMOT

ここまでマネジメントの正念場を扱うための4つのステップのMMOTの完全なプロセスを提示してきたが、もっと手早いやり方もある。クイックMMOTは数分で行えることもある。4つのステップに従ったクイックMMOTの例を紹介しよう。


「アライド社から契約書は返ってきた?」

「まだです」

「いつまでに返してほしいと言ったかな?」

「4日です」

「今日は7日だね。どうしたんだろう?」

「先方の弁護士が変更を加えた部分をうちの弁護士がチェックしてます」

「早く進めるにはどうしたらいい?」

「うちの弁護士をどうにかすることですね」

「やってくれるかな?」

「はい、早くチェックを終えるように言います」

「以前もこんな遅れがあった気がする。何かできることはないかな?」

「もっとうちの弁護士を何とかすることですかね」

「それを今後どういうふうにやる?」

「期限に間に合うようにもっと電話しましょう」

「それで結果を出せるかな?」

「出せると思います」

「じゃあ進捗を知らせてほしい」

「わかりました」


この会話はほとんど通常の仕事の会話のように見えるだろう。しかしいくつかの重要な

MMOT要素が含まれている。現実を認識し、分析する。新しい計画を立てる。そして「じゃあ進捗を知らせてほしい」という簡単なものではあるが、フィードバックシステムを築くところまでやっている。このくらいのクイックなミーティングは小さな調整を入れる必要があるときにとても効果的だ。わずかな調整はとても役立ち、プロセスを効果的にすることがある。

ここでの重要な経験則は、目標と実態の差がどの程度であるかによってミーティングにかける時間を決める、ということになる。組織にとって致命的で慢性的な課題に対して数分間のクイックMMOTでは歯が立たない。しかし仕事の早い段階で小さな兆候を捉えて戦略的にクイックMMOTを行えば、小さな介入によって将来の禍根を断ち、大きな効果を上げることにもなりうる。

危機感の醸成ではなくタイミングの感覚

マネジメントの常套手段として「**危機感を醸成する**」というテクニックがある。足元が燃えている、早く火を消さなくてはならない、このままでは危ない、早く逃げなくてはならない、今こそ行動しなくてはならない、というふうに危機感をあおって社員を動かそうとするアプローチである。

実際には、人は現実に必要とされるときには危機感を持つものだ。もし火事が現実に起こっていたら、人々は実際の状況を理解し、緊急性を持って行動するだろう。優れたマネジャーは、いつ、どのようにして状況に応じて迅速に行動するかを理解しているのである。

しかし「危機感を醸成する」といった経営のトリックは必ず裏目に出る。**パフォーマンスを向上させるためには、現実が唯一の基盤となる。**現実に、早く力強く行動する理由があれば、その通りに行動しようという気持ちになるし、危機感を持つのは、現実の状況から来るものだ。病院の救命救急センターのスタッフは、誰かに説得されて危機感を持って行動しているわけではない。緊急事態に直面しているからこそ、そのように行動するのである。優秀なマネジャーは、緊急性を要する状況とそうでない状況の違いを理解している。

虚構《フィクション》で人を動かすのではなく、事実《ファクト》で人を動かすことができる。人為的に緊迫感を作り出すのではなく、**タイミングの感覚を作り出す**のである。

いつまでに何をしなければならないのか、一つひとつの目標と他の目標がどう関連しているのか、を理解することで、現実に即した危機感を持つことができる。真の危機感とは、組織の発展のために卓越した仕事をしたいという願望から来るものだ。鋭敏なタイミングの感覚と呼んだらいいだろう。

ここでの経験則は、タイミングの感覚を養う、ということだ。決して人為的に緊迫感を作り出そうとしてはいけない。これも「**真実を伝える**」に通じる。誤った緊迫感を作り出すことがどれほど現実認識を歪めるかについて考えていなかったかもしれない。しかし、長い目で見れば、そういう緊迫感を作れば作るほど、真実を伝え合う能力や習慣を持つ組織を構築することはどんどん難しくなってしまうのである。

期限を活用する

期限に関する経験則がある。人に行動を迫るためではなく、活動を時間内にまとめるために活用するのである。期限があることによってマネジャーは優先順位を決め、それに合わせてスケジュールを立てることができる。

期限は、最も効果的な整理整頓ツールのひとつだ。しかし実際にはうまく使われていないことが多すぎる。MMOTの多くは期限遅れについて行われる。しかし単にプロセスを調整するだけでは足りない。期限をどう活用し、何を回避すべきかについての基本的な理解が必要なのである。

10月14日に製品を出荷しなければならないとしたら、いつまでに原材料を納品し、製造ラインを準備し、箱を印刷し、製品を組み立てて梱包し、マーケティングキャンペーンを開始し、営業部門に新製品を紹介したらいいか、などがわかるスケジュールを設定できる。これらのイベントはプレッシャーをかけるものではない。段取り、時間管理、緊急時対応などのマネジメント手腕を要するものだ。部品と全体の関係を理解し、活動を時間的に整理し、最終的にコミットメントを満たすために何が必要かを理解することが求められるのである。

期限を使ってプレッシャーをかけるのをやめ、期限によって活動を設計・管理することができると、それは大いに優れた転換となり、世界が一変する。期限は忌むべき必要悪ではなく、複雑なプロセスを扱う道具になるのである。

そのためにはマネジャーが「やること一覧《トゥドゥリスト》」的な物の見方を改める必要がある。仕事の全体像を把握し、細部がどのように関連し合っているかを理解し、より大きな視野でプロジェクトが見えるようにすることが大切だ。

この思考の転換は、ＭＭＯＴの推進力と一致している。一歩ひいて全体を眺め、広い視野で関係性や因果関係を理解する方法を学んでいるからだ。「やること一覧《トゥドゥリスト》」的な物の見方で仕事をしていると、次々と関連のない活動がやってきて圧倒されてしまいがちになる。それに対し、一歩ひいて全体を見ることによって時間の感覚が変わる。長い時間軸で物事が見えるようになり、自分の活動をコントロールできるようになるのである。

「言うことを聞く」から「足並みを揃える」へ

もうひとつの経験則は、部下やチームが受動的に言うことを聞くのではなく、主体的に足並みを揃えるように働きかけることである。ＭＭＯＴの４つのステップに取り組むことで、部下やチームは高いパフォーマンスを発揮できるようになる。しかし、彼らが上の言うことを聞いて仕事をするのと、自ら足並みを揃えてパフォーマンスを上げるのとには大きな違いがある。「言うことを聞く」のは状況への対応であり、「足並みを揃える」のは主体的で創造的な行為だ。その違いは私たちの取り組み度合いによってわかる。他人が決めたルールに黙って従うとき、私たちの取り組みは限定されたものである。それに対し、自ら足並みを揃えて行動するとき、私たちは自分の選択で全面的に取り組むことになる。

MMOTを使って社員の行動を変えようとすると、ただただ「言うことを聞く」行動になることがよくある。それに対し、MMOTを使って幅広い指導育成《メンタリング》を行うと、もっと「足並みを揃える」行為を促し、個人と組織のあいだで価値観や目標を一致させることに近づくことになる。

そのためには、他の何よりも真実を語ることだ。それによって個人とチームが足並みを揃えることにつながる。ビジョンや目標を共有するだけでは足りない。ビジョンや目標に同意しているだけで、組織と足並みを揃えていない人たちが多い。「足並みを揃える」というのは同意することとは違う。足並みが揃っているからこそ、私たちは問題を提起し、データや思い込みを疑い、プロセスを考え直し、見解の相違を俎上に載せて議論することもできる。そしていったん組織として決定を下したら、それが自分個人の見解と違ったとしても、足並みを揃えて全力でその決定が成果につながるように取り組み始めるのである。

足並みを揃えることは1回や2回の話し合いで実現することではなく、組織のマネジメントに時間をかけ、首尾一貫して実現することである。有意義な仕事をし、メンバーを尊重し、学び合い、真実を伝え合える組織だからこそ足並みを揃えることができる。首尾一貫した言動が鍵だ。足並みを揃えるということは完璧を要求することではない。間違うこともある。しかし足並みを揃えるということは、学習、価値観と目標の共有、真実を伝えること、そしてプロセスがフェアであることを必要とするのである。

意思決定者に直言すること

仕事を推進するうえで、上層部の決定した杜撰《ずさん》な経営計画や経営方針に翻弄されることほど苛立たしいことはない。慢性的な組織の機能不全の多くが、そもそもの仕事のデザインに起因するものだ。仕事のパフォーマンスが上がらない理由を分析すると、与えられた業務環境では責任をもって成果を上げることが無理だということに気づくことがある。

あるソフトウェア会社が、高い人気を誇る現行の会計パッケージに代わる新しいソフトウェア会計製品の導入を決定した。上層部は新製品を発注したものの、現行製品の人気の理由を考慮していなかった。新製品の開発は外注していたが、その開発者は、かつて存在した別の業者が開発した旧製品の機能を再現する方法を理解していなかった。しかし上層部はアップグレードした製品を、市場に示す必要があると考え、強行することにした。新製品パッケージは光沢のあるグラフィックと派手なアニメーションでがらりと見た目を変えて宣伝した。新製品は旧製品に比べて性能が劣っていたので全く不発となる。売り上げを伸ばすように営業部隊に指示が出される。しかし新製品が旧製品に及ばないことは巷で噂になっていた。旧製品はｅＢａｙ

で人気商品となり、新製品の印象はさらに悪くなる。

新製品が売れず、旧製品も市場から消えてしまった。彼らには会社がどのような製品を発売するかを決定する権限がないため、状況を幹部チームに伝える必要があった。実際、幹部チームは当初、営業担当者が新製品の売り方を知らないのではないかと考えていた。ソフトウェアパッケージ自体の品質の問題ではなく、どんな新製品でも最初は抵抗を受けるだろうというくらいに考えていたのだ。

幹部スタッフとのミーティングでは、営業チームがふたつの製品を並べてデモンストレーションしたり、お客様のアンケート結果を見せたりして、新製品のほうが劣っていることを伝えた。そして、旧パッケージを販売しているeBayのサイトを開いてみた。そこには旧製品が類い稀なる奇跡であり、新製品は不良品だと思わせるコメントが書かれていた。

幹部チームは決断を迫られていた。自分たちの評判を賭けて新製品を作ったのに、市場での信頼を失っていることを知ったのだ。彼らは旧製品を「クラシック」と名付けて市場に戻し、1年以上かけて新製品をオリジナルよりも優れたものに刷新した。

実行責任を持つマネジャーは、意思決定者に現実を教える必要がある。幹部たちの多くは、意図せずマイナスの結果を生むような方針や決定を下すことがある。そしてそんな決定の実行責任を負わされた人たちは、何をやっても成功しないことに気づく。なぜなら仕事のデザインが問題を引き起こしているからであり、自分たちには方針を変更する権限がないからである。

このような場合の経験則は、**決定権を持つ人に必ず問題を提起すること**である。
長年にわたって大きな組織の仕事をしてきたコンサルタントのジョン・ドノバン（Donovan Associates, Hanover, New Hampshire）は、組織全体で真実を語ることの必要性を理解し、多くの幹部チームが互いにもっと率直で正直になる方法を学ぶのを手助けしている。ドノバンの経験で、チームがＣＥＯと直接現実に向き合うことに挑戦した例を紹介する。

ある大手製薬会社の管理職グループは、ＣＥＯから、製品をより早く市場に投入するために研究開発グループを再設計するよう求められました。最初のオフサイトミーティングで、作業グループは導入のための新しい統合デザインを作成しました。彼らはそれがかなり良いものだと思っていました。しかしＣＥＯへのプレゼンが始まって数分後、ＣＥＯは立ち上がり、その場で自分のモデルを提示したのです。そして自分のモデルを修正して完成するようにグループに指示しました。

次のオフサイトミーティングで、グループは朝からＣＥＯのモデルを理解して作業するのに苦労しました。どう頑張ってみても、そのモデルはあまり意味のないものでした。

この会社は非常にヒエラルキーが強い会社でした。いったん上席の幹部、特にＣＥＯが命令のようなものを出すと、チームは一斉に動き出します。通常、同じような状況であれば、チームは上席者の機嫌を損ねたり、批判的に見られたりしないように、妥協点を見出すものです。ＣＥＯの提示したモデルは効果的に機能しないことがわかりました。その構造は、完全に別の会社を設立する方法に基づいていたからです。１９９０年代の会社ではうまくいっていたが、今日の規制の多い、ペースの速い環境では、研究開発の異なる機能のあいだに過剰な事務処理、遅延、複雑さ、障壁を生み出していたことでしょう。

昼過ぎには、ＣＥＯのアイデアでは、新薬を早く市場に出すためのシステムを作るという本来の目的を果たせないと確信しました。それどころか、かえってスピードが遅くなってしまう。作業グループのメンバーは自分たちの発見を認め合い、正念場を迎えました。

議論の結果、チームはＣＥＯの所に戻って、自分たちの考えとその理由を伝えることにし、次の日にミーティングを設定しました。

ＣＥＯに直言するなどというのはこの会社では非常に珍しいもので、作業グループは自分たちがパンドラの箱を開けてしまうのではないかと思ったものです。しかし市場投入時間《タイムトゥマーケット》は自社の事業戦略にとって極めて重要であり、この問題に正面から取り組む必要があると判断したのです。

ＣＥＯは、作業グループのプレゼンテーションを聞き、彼らの見解を理解しました。その内容におおむね合意した一方、いくつかカバーしていない要素があることも伝えました。作業グループはCEOの指摘に合意し、事業戦略を実現するためのプロセスとシステムを設計する作業に戻りました。

作業グループはCEOのアイデアを取り入れ、新鮮な意識でモデル構築に取り組みました。当初のデザインをさらに発展させ、より迅速な新製品開発を可能にする、柔軟で合理的な構造を開発したのです。この新しいハイブリッドモデルは大成功でした。もし彼らがCEOと正念場を迎えなかったら、そしてもしCEOがチームの指摘に耳を傾けて課題を探求しなかったら、こんな結果にはならなかったことでしょう。

MMOTを自分のものにする

あなたには独特なスタイルがあり、声があり、個性があり、経験があり、リズムがある。MMOTの原則に自分自身の経営的知性を加え、それを実践することで、あなたは生きた知識を獲得することになる。一つひとつの正念場は独特なものであり、あなた自身も、部下やチームも独特なものだ。

あなたが育む人間関係は他のどんな人間関係とも異なる。人はそれぞれ、潜在能力、願望、価値観、スキル、性格、リズムなどが異なる。仕事の要件さえ満たされている限り、組織にはこうした違いを受け入れる余地がある。私たちは車輪の歯車ではない。私たちは、会社の成功と健全さのために、自分の才能、努力、エネルギー、創造性、スキル、判断力、時間、サポートを注ぐために組織に入ることを選んだ個人である。

組織のあらゆるメンバーは、パフォーマンスレベル、態度、成果、価値観、整合性、プロフェッショナルなスタンスなどの共通の基準に対して責任を持つ一方で、組織が真の偉大さに到達することを可能にするのは、私たち個人の独特な存在が組織の中にあるという事実なのである。

ここで最後の経験則は、**すべてのMMOTを自分のものにすること**、である。

終わりに

新しい習慣が身につくには時間がかかり、古い習慣に逆戻りするのはたやすい。やろうと思っても仕事や生活に忙殺される。1月に新年の抱負を考えても2月には記憶の彼方だ。自分のやり方を変えるのは難しいと人は言う。特に組織の場合は難しいと言う。次から次へと新しい流行がやってきては去っていく。エクセレンス、クオリティ、BPR（ビジネス・プロセス・リエンジニアリング）、シックスシグマ、バランススコアカードなど新しい方法が登場しては消えていく。新しい方法は新しい専門用語がついてくる。今度の方法こそ定着すると思うものだが、気がつくと流行は終わっているのである。

しかし変化そのものは謎ではない。また、いつも消えてしまうわけでもない。きちんと動機づけられた変化は長続きし、むしろ自己増殖していく。インターネット、コンピューター化、ワープロ、メール、小型化、ブラックベリー、TiVo、テレビ会議などを考えてみれば、ある種の変化がどれほど簡単に採用され、持続し、生活に溶け込んでいるかがわかる。この20年の変化は、ビジネス・流通・市場参入・顧客管理・未来開拓を革命的に変貌させていった。私たちは皆、変化のスピードが歴史上かつてないほど速くなっていることを理解している。しかしこうしたグローバルな変化を理解し、規律をもって適応している組織はほとんど存在しない。そもそも組織は、予測可能で再現可能で伝統的で慣習的なものを扱うようにできている。これは組織の持つ大きな強みのひとつだ。だが、それだけでは組織の致命的な弱点にもなりかねない。今、組織の必須条件となっているもうひとつの重要な規律がある。それは時代を理解し、適応する能力である。つまり準備ができるよりずっと前に変わり始めなくてはならないのだ。

現実がどのように変化し、それに対して何をすべきかを理解するには、私たちのマインドセットが鍵となる。私たちは、ややもすれば自分の居住地から世界を眺め、自分に見えている風景が世界のすべてのように思い込んでしまう。それは人間的であり、自然なことだ。しかし幸いなことに私たちは、本能の限界を超え、もっと大きくてつながり合った世界を理解する能力も持っている。実のところ、組織の本質は部分が相互につながり合って全体を構成することにある。私たちは孤立して仕事をしているわけではない。ところがそう感じている人があまりにも多い。そうなると組織というものが互いに競い合う部分でできているかのように思ってしまい、部分の総和よりも全体を大きくするために統合された要素によって組織が成り立つことを見失うことになりかねない。

ここで私たちがお互いに必要な真実を率直に伝え合うことができなくなると、組織はさらに細分化し、部門を代表するマネジャーは自分たちを守るために壁を作ろうとしてしまう。そうなると独自の奇妙な世界が生まれる。壁の内側の人たちが知らぬ間に結託し、何を伝えていいか、何を伝えてはいけないかを検閲し始めるのである。

ＭＭＯＴは、仕事のパフォーマンスを向上する直接的な手段として真実を伝え合うアプローチである。しかしもっと大きな意味で、ＭＭＯＴは現代の組織の様相を変えうる種を蒔いている。自分たちが直面している危機を正しく理解しようとする組織は、全社的に真実を語る能力を持ち、それを実践しなければならない。現実を迅速かつ正確に評価する組織は、明確な競争優位を有している。状況がどのようなものであり、どのように変化しているのかを見極める鍵は、真実を語ることと表裏一体である。

マネジャーとして必要なときにＭＭＯＴを一貫して使うことで生産力は高まり、業務の負担は公平になっていく。部下のパフォーマンスは上がり、足並みが揃い、信頼関係が向上する。さらにメリットがある。真実は、仕事における実用的価値だけでなく、人が足並みを揃えて働くための力となり、組織全体が真実の価値をより深く理解できるようになる。そうなれば情報はもっとたやすく必要な場所へと流れるようになる。これは誰もが享受できるメリットだ。真実が基盤となり、今日のビジネス環境で切実に必要とされている予測可能性と柔軟性が高まるのである。

真実を語ることに味をしめた人々は、その味を忘れることがない。真実を伝えるのは難しいこともあるが、変化をもたらす強力な要因となる。ＭＭＯＴを使って部下の業績と実力を高めることに何度か成功すれば、もう二流以下の仕事を見過ごせず、すぐまたＭＭＯＴをやりたくなる。ＭＭＯＴによって職場にわだかまりがなくなり、それ自体が職場を良くする。しかしもっと重要なことに、ＭＭＯＴによって人が学び、向上し、プロとして成長し、能力を開発し、組織に貢献し、キャリアを構築する最高のチャンスが生まれるのである。いったん真実に目覚めてしまうと、真実を避けるためのあらゆる操作やこれまでの苦労が全くの無駄骨であることがわかってしまう。そして、真実を避けるチームを率いるよりも、真実を見つけて伝えることができるマネジメントチームを作るほうが、時間も労力もかからないことを認識する。私たちがＭＭＯＴを高く評価しているのは、理論に基づく希望的観測ではなく、現実に経験したからこそ得られた結論である。

ＭＭＯＴを採用した組織での私たちの体験は、刺激的で喜ばしいものだった。ＭＭＯＴのプロセスは生き生きと息づき始め、マネジャーたちは精神的にも実用的にもＭＭＯＴを自分のものにしていった。まず試してみて、実践に応用し、成果を評価し、自分流の調整を加え、ＭＭＯＴを標準手続として採用していったのである。通常では直面するのが難しい状況を、ＭＭＯＴは扱いやすいものにしてしまう。そうなると「ＭＭＯＴが必要だ」と上司が言えば「じゃあ現実を一緒に見ましょう」と部下が答えるようになる。ＭＭＯＴは誰もが真剣に会話し、向上し、さらに足並みを揃える実践なのである。

ＭＭＯＴの形式を軽んじないことだ。この単純なフォームによって真実を伝えやすくなる。４つのステップにこだわりがあるわけではない。しかし４つのステップがどれだけ役立つかは観察できる。世間のたいていの組織は「正直」「真実」「誠実」などの価値観を掲げていて、それは組織全体の人々が心から望むものなのだ。しかしこうした価値をどうやって実現しているのだろうか。実践こそがいつも難しい。私たちがＭＭＯＴを気に入っているのは、誰でも成功のチャンスを高められるシンプルな形式があるからだ。私たちは誰でもやりたいことがあって、それをどうやってやったらいいのかを知りたいことがある。大切なのは、うまくいく方法を見つけることだ。そしてうまくいくというのは重要な成果を上げるということである。ＭＭＯＴを使ったら必ず成功するという保証はない。しかし成功のための最高のチャンスを得られることは間違いない。

再三強調してきたように、ただ単にミスを減らすことが目的ではない。人の可能性を最大限に発揮させることが目的である。それは部下だけでなく、自分自身についても同じだ。ＭＭＯＴは、誰かが別の誰かのために、またはチームのために行うことが多いが、それは全員にとっての正念場であり、学習体験でもある。学習することの中には、仕事のパフォーマンスパターン、プロセスの設計と実行、計画、管理など、自明なものもある。しかし目に見える形で明確に示すことが難しいものもある。たとえば「どうすればお互いの能力を最大限に引き出すことができるか。どうすればいつもの壁を越えることができるか。どうすれば自分の仕事をより良くすることができるのか。どうやって管理するのか。どうやって学ぶのか。どうやって一緒に働くのか。どうやってお互いに協力し合うのか。どうすれば一緒に素晴らしい組織を作ることができるのか」などの人間的な問いへの答えだ。

まずは小さくて簡単な状況でＭＭＯＴを練習してみることをお勧めする。フォローアップに専念すること。完璧になろうとしないこと。失敗を恐れないこと。その失敗から学ぶこと。時間をかけて力をつけること。そしてもちろん、本書で何度も強調してきたように、首尾一貫して実践すること。あなたが首尾一貫していれば、あなたが真実を伝えることに本気であることが他の人たちにも伝わる。

最後に、ＭＭＯＴアプローチは単なる学習ツールではなく、リーダーシップの原則でもある。ＭＭＯＴを実践することで、あなたは効果的なマネジャーになるだけでなく、優れたリーダーシップを発揮することになる。組織における優れたリーダーシップは変革をもたらす。企業が自らの創造力を高め、自らの運命を切り開き、世界に一石を投じる、そのありようを変えていけるのである。

訳者あとがき

本書は仕事のパフォーマンスを高め、人を育成し、組織を発展させるための、単純明快な方法についての解説書です。

しかし本書の背後には、それ以上に深い、人間的な真実があります。

まず、人は成果を創り出すことが好きだ、という事実です。人は誰だって何かを創り出すのが好きです。年齢、性別、国籍、文化、教育などに関係なく、人は自分が創り出したいと思ったことを創り出すのが大好きなのです。これは性善説の一種などではなく、人間の性質に関する一つの事実です。

ところが仕事の現場では、必ずしもすべての人がプロ意識をもって成果を創り出そうとしているわけではありません。全力を傾けて類い稀なる実績を上げようとする人は少数派です。多くの人は給料分の仕事をして、職を失うことなく、生活を楽しめればそれで十分と思っています。なかにはできるだけきつい仕事をせずに楽をして過ごそうと考える人も少なくありません。

本書の著者は「人はフェアなゲームではフェアにふるまう。アンフェアなゲームでフェアにふるまうと割を食う」という言い方をしています。

フェアなゲームとは何か。それは真実に基づいた仕事をすることです。

これはいわゆる綺麗事ではありません。事実を客観的に見て、具体的な成果を上げる方法を見つけ出す。本書にはその方法が詳しく記述されています。

世間では、真実に基づく仕事のやり方が標準になっていません。その最も顕著な表れが部下の指導やチームの構築の場面に見られるのです。

たとえば、部下を褒めて育てるのがいいのか、叱って育てるのがいいのか、といった議論があります。相手の性格を見抜いて「この部下には厳しく接したほうがいい」「この部下はおだてて持ち上げてやったほうがいい」などと心理操作をするのを推奨する専門家もいます。

本書の著者に言わせれば、こうした部下操縦法は最悪の結果を招くものです。もし相手の心理を見事に読み、なだめたりすかしたりして相手を動かすことに成功したとしてもそれは一時的なものに過ぎません。上司が自分の意図に従わせるために部下を操縦すれば、そうした操作は必ず信頼を破壊し、長続きしません。多くの場合、一時的にすら成功せず、信頼関係を構築するに至らずに終わります。

心理操作は関係性を破壊する。本書の方法は一切の心理操作を否定するものです。

心理を探り合うゲームの類いを完全にやめたとき、そこには誰の主観にも左右されない客観的な事実が残ります。特定の仕事についての期待は何だったのか。その期待に対して仕事の実態はどうだったのか。もし一致していなかったなら、なぜ一致していなかったのか。どんな現実があったのか。目的に照らして現実を変えるためには何が必要なのか。仕事に責任を持つプロフェッショナル同士の会話が成り立つためには、客観性と現実が絶対に必要なのです。

共著者のロバート・フリッツは音楽家であり、芸術教育のバックグラウンドを持つ人です。アートの世界において、現実を直視するというのは最も大切な規律です。芸術家はさまざまなイマジネーションをもとに創作をしますが、創作ができるためには創作のビジョンに対する客観的現実を見る力が必須なのです。

オーケストラが交響曲を演奏するとき、すべての演奏家が同じビジョンを共有し、プロとしてそれぞれの役割を果たします。素晴らしい演奏ができるためには事実を偽りなく観察し、観察した事実を共有する力が必要です。

30年前にロバート・フリッツから教えを受けるまで、私はこのことを正確に理解していませんでした。アーティストというのは豊かな才能や想像力に恵まれた特殊な人たちで、彼らの方法がビジネスやマネジメントに活用されるのはごく限定された領域だけだと思っていたのです。

本書の方法ＭＭＯＴは、アーティストの方法です。自分たちが何を創り出したいのか。そのために何が足りていて、何が足りていないのか。どうやって創り出したい成果を創り出したらいいのか。その成果をどうやってチームや組織で共有し、増幅したらいいのか。

ＭＭＯＴを実践するために特別な才能や想像力は必要ありません。働く人がすでに持ち合わせている資質や能力が出発点です。そして仕事に必要なスキルやアプローチは、目的に応じて獲得し、開発し、展開していくことができます。

ＭＭＯＴには、一対一《ワンオンワン》の面談、チーム会議、プロジェクト会議、戦略提携、協力会社管理など幅広い応用範囲があります。詳しい方法は本文に解説してある通りです。しかし、どんな場面で活用しても、その背後には「真実」と「創造」という普遍的な原理と方法があります。

これは古くて新しい方法です。芸術分野で活躍するプロの人たちは、それぞれの領域で同じことを実践し、新しい技を獲得し、素晴らしい成功を収めてきています。

本書の読者の皆さんには、ぜひビジネスや経営の現場でＭＭＯＴを活用し、手っ取り早く具体的な成果を上げてほしい。私自身もそうしてきました。しかしそこに留まることなく、アーティストとしての人間の大いなる可能性に着目し、ビジネスや経営の領域を超えて本書のエッセンスを汲み取り、自家薬籠中の物とし、豊かで自由で気持ちのいい生活世界を創造してほしいと思っています。

訳者　田村洋一

２０２２年７月５日

［著者］

ロバート・フリッツ　Robert Fritz

ロバート・フリッツ・インク社の創立者。ロバート・フリッツは、30年以上にわたる研究を通じて構造力学を発展させてきた。創り出すプロセスの領域から始まった取り組みは、やがて組織、ビジネス、マネジメントの領域へと広がった。ピーター・センゲ、チャーリー・キーファー、デイヴィッド・ピーター・ストローとともに、イノベーション・アソシエイツ社の共同創立者でもある。1970年代半ばに創り出すプロセスを個人の生産性向上のために役立てるトレーニングコースを開始。これまでにフリッツのコースを受講した人は、世界中で8万人を超えている。構造がいかに人間の行動に影響を及ぼすのかについて記した最初の著書「The Path of Least Resistance」（未邦訳）は世界的ベストセラーとなった。邦訳書に『偉大な組織の最小抵抗経路 リーダーのための組織デザイン法則』『Your Life as Art 自分の人生を創り出すレッスン』『プロフェッショナルの営業鉄則　何が営業を殺すのか』ウェイン・S・アンダーセンとの共著『自意識（アイデンティティ）と創り出す思考』（すべてEvolving）がある。コンサルタントとしても多くの組織が構造思考を実践できるように支援しており、顧客企業はフォーチュン500企業から多数の中規模企業、政府団体や非営利組織にまで及ぶ。フリッツは映像作家でもある。監督として、また脚本家として、映画やドキュメンタリー、ショートドラマを製作しており、その映像作品は世界各地の映画祭でこれまでに200以上の賞を受けている。

［著者］

ブルース・ボダケン　Bruce Bodaken

医療保険会社ブルーシールド・オブ・カリフォルニアのCEO。在任中、MMOTを導入して組織改革を実施、ブルー・シールドの会員数は2倍以上に増加し、収益は30億ドルから70億ドル近くに拡大した。

［訳者］

田村　洋一　Tamura Yoichi

組織コンサルタント、教育家。メタノイア・リミテッド代表。ピープルフォーカス・コンサルティング顧問。主な著書に『組織の「当たり前」を変える』（ファーストプレス）、『人生をマスターする方法』（ライブリー・パブリッシング）、『プロファシリテーターのどんな話もまとまる技術』（クロスメディア・パブリッシング）、『ディベート道場――思考と対話の稽古』『知識を価値に変える技――知的プロフェッショナル入門8日間プログラム』（ともにEvolving）、『組織開発ハンドブック』（共著、東洋経済新報社）、『不確実な世界を確実に生きる――カネヴィンフレームワークへの招待』（共著、Evolving）など多数。ロバート・フリッツの翻訳書に『自意識（アイデンティティ）と創り出す思考』（監訳）、『偉大な組織の最小抵抗経路 リーダーのための組織デザイン法則』『Your Life as Art 自分の人生を創り出すレッスン』『プロフェッショナルの営業鉄則　何が営業を殺すのか』（すべてEvolving）がある。

マネジメントの正念場
真実が企業を変える

2022年10月21日　第1刷発行

著　者　　ロバート・フリッツ
訳　者　　田村 洋一
発行者　　糸賀 祐二
発行所　　Evolving合同会社
〒300-1155　茨城県稲敷郡阿見町吉原572-17
http://evolving.asia
e-mail　info@evolving.asia
D T P　　マーリンクレイン
装　丁　　小口翔平＋後藤司（tobufune）
校　正　　鴎来堂
印刷・製本　　中央精版印刷株式会社

ISBN978-4-908148-26-2　©2022 Yoichi Tamura　Printed in japan

好評既刊

プロフェッショナルの営業鉄則
何が営業を殺すのか

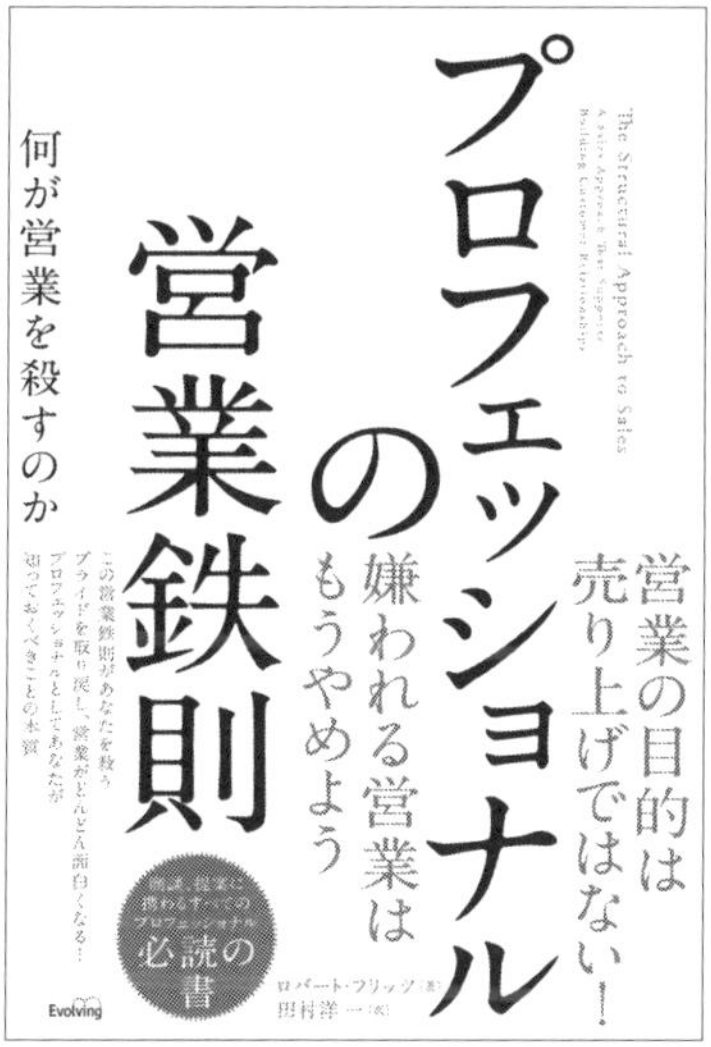

営業の目的は売り上げではない!嫌われる営業はもうやめよう
商談、提案に携わるすべてのプロフェッショナル必読の書

この営業鉄則があなたを救う
プライドを取り戻し、営業がどんどん面白くなる!
プロフェッショナルとしてあなたが知っておくべきことの本質

【本文より】

本書は、営業のプロが自分自身に誠実であること、自分の志に忠実であること、自分の価値観を大切にすることに戻る道を指し示す。誤った思い込みによって堕落し、常に顧客の心理を操ろうとし、顧客が買えば営業担当者が勝ち、顧客が負ける、という理不尽なゲームから脱却し、営業のプロであることのプライドを取り戻すことができる。

- ロバート・フリッツ 著　- 田村 洋一 訳　- 四六判　- ソフトカバー

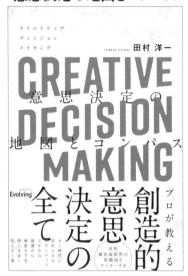